Duden

SMS Schnell-Merk-System

Englisch Grammatik

5. bis 10. Klasse

W0401442

Dudenverlag
Berlin · Mannheim · Zürich

Inhaltsverzeichnis

1 Nouns, articles and quantifiers

Nouns

Regular plurals

Regelmäßige Pluralformen werden gebildet, indem man ein *-s* anhängt.

cat – cat**s**

Endet das Wort auf ein stummes *e*, wird die Endung [ɪz] ausgesprochen.

piec**e** – pieces
[pi:s – pi:zɪz]

Nach Endungen auf *-s, -x, -ch, -sh, -z*, die als Zischlaut gesprochen werden, wird *-es* angehängt.

bus – bus**es**

Irregular plurals

Bei **unregelmäßigen Pluralformen** gilt:

- Steht vor *-y* am Wortende ein Vokal, bleibt *-y* erhalten.

  bo**y**s – boy – boys

- Steht vor *-y* am Wortende ein Konsonant, wird *-y* zu *-ies*.

  baby – bab**ies**
  story – stor**ies**

- Steht am Ende *-f* oder *-fe*, wird daraus in der Regel *-ves*.

  shelf – shel**ves**
  knife – kni**ves**
  life – li**ves**

Aufgepasst: Es gibt jedoch auch Ausnahmen.

belief – belie**fs**
proof – proo**fs**
roof – roo**fs**

Endet das Wort auf *-ff*, wird *-s* angehängt.

cliff – cli**ffs**
take-off – take-o**ffs**

Steht am Ende *-o*,
- wird daraus *-oes* (Pflanzen und Menschen)
- oder *-os* (Dinge).

hero – her**oes**
tomato – tomat**oes**
kilo – kil**os**

Bei manchen Substantiven unterscheiden sich die Singular- und Pluralformen nicht voneinander.
Du erkennst den Singular oder Plural an den zugehörigen Verben, Pronomen und Begleitern, die dem Sinn entsprechend im Singular oder Plural stehen.

dice – dice
sheep – sheep
fish – fish

I have at least a **hundred** fish.
This fish **is** the biggest of **them.**
These fish **are** the prettiest of **them.**

Manche Substantive haben eine **besondere Pluralform:**

child – children · man – men · woman – women ·
tooth – teeth · foot – feet · mouse – mice · louse – lice

Aufgepasst: Penny hat die beiden Pluralformen *pence* (für eine Summe) und *pennies* (für die Anzahl der Münzen).
Person hat die beiden Pluralformen *persons* und *people.*

Pair nouns and plural nouns

Paarwörter bezeichnen Dinge, die aus zwei gleichen Teilen bestehen. Diese Wörter können nur im Plural verwendet werden.

jeans · pants · scissors

Die zugehörigen Verben, Pronomen und Begleiter stehen ebenfalls im Plural.

Can you pass me **those** scissors, please?

Pair nouns and plural nouns

Um bei **Paarwörtern** eine Anzahl angeben zu können, muss *pair of* eingefügt werden. Nur dann kann das Verb auch in der Singularform stehen.

I have two **pairs of** black jeans.
This **is** my favourite **pair of** jeans.

Manche englischen Wörter haben **keine Singularform** und können nur im Plural verwendet werden.

clothes · stairs · police · cattle

Die zugehörigen Verben, Pronomen und Begleiter stehen auch im Plural.

These stairs **are** steep.
The police **are** coming.

Aufgepasst: Manche Substantive mit einem angehängten *-s* sind Singular und stehen daher mit einem Verb im Singular.

That **is** good news.
Maths **is** boring.

Prop-words one & ones

Die **Stützwörter** *one* und *ones* setzt man ein, um ein schon genanntes zählbares Substantiv nicht noch einmal zu wiederholen.

I have at least a hundred fish.

Im Singular verwendet man *one,* im Plural *ones.*

This fish is the biggest **one.**
These fish are the prettiest **ones.**

Aufgepasst: Adjektive können im Englischen nicht allein stehen, sondern müssen immer von Substantiven oder Stützwörtern wie *one* oder *ones* begleitet werden.

Countables and uncountables

Zählbare Substantive können im Singular oder Plural stehen und mit unbestimmten Artikeln und Zahlwörtern verbunden werden.

a day – two days

Es gibt auch **nicht zählbare Substantive.** Diese Substantive stehen immer
- mit dem bestimmten Artikel oder
- ohne Artikel und dem Verb

im Singular.

music · milk
butter · oil · salt
auch: news

Nicht zählbare Substantive können keine eigene Pluralform bilden oder mit Zahlwörtern oder unbestimmten Artikeln verbunden werden.

a glass of milk · one slice of bread

Um diese Substantive zählbar zu machen, muss man bestimmte **Fügungen** davor setzen:
a bit of/a bottle of/a cup of/ a packet of/a glass of.

Is there any milk and butter in the fridge? – Yes, there are **two bottles of** milk and **a packet of** butter.

Bei nicht zählbaren Substantiven kann man auch **Mengenangaben** verwenden:
much, a lot oder *a little.*

The bankrobbers stole **a lot of** money.

Case of nouns

In der englischen Sprache unterteilt man beim **Kasus** nur in den ■ **common case (Subjekts- oder Objektsfall)** und ■ **possessive case (Genitiv).**	girl/girls girl's/girls'
s-genitive: Bei **Personen und Haustieren** steht der **s-Genitiv.** *Aufgepasst:* Wird das Substantiv schon vorher genannt, kann der s-Genitiv auch allein stehen.	John**'s** bike · Fluffy**'s** leash John has a new schoolbag. – Is this John**'s** (schoolbag)?
's wird angehängt, wenn ■ das Substantiv im Singular steht oder ■ der Plural nicht auf *-s* endet. *Aufgepasst:* Endet das Wort im Singular auf *-s*, wird dennoch *'s* hinzugefügt. Endet aber der Plural eines Substantivs auf *-s*, wird nur ein Apostroph angehängt.	The **boy's** teacher is nice. The **children's** teacher is nice. Jame**s's** bike · the bos**s's** office the boy**s'** teacher
Bei **zwei Personen** wird nur an die zuletzt genannte Person *-'s* angehängt, wenn sich beide auf dasselbe beziehen.	Peter and **Kim's** sisters are blondes.

Wenn sich beide auf etwas Unterschiedliches beziehen, hängt man bei beiden Personen *'s* an.	**Peter's** and **Kim's** sisters are 3 years apart. **Peter's** sister is 5, **Kim's** sister is 8 years old.
Bei **Zeitangaben** steht auch der s-Genitiv.	last **week's** · this **night's** · **today's** · **Yesterday's** English test was easy.
of-phrase: Bei Gegenständen, Orts- und Mengenangaben steht eine **of-Fügung.**	The roof **of** the house is new. The city **of** New York is beautiful. He wants a glass **of** water.
Aufgepasst: Möchte man betonen, dass es sich bei einer Person um eine von mehreren handelt, benutzt man eine **of-Fügung** (1) und den **doppelten Genitiv** (2).	(1) a friend **of** John · a sister **of** mine · Sue is a friend **of** mine but I have many friends. (2) Is that a friend **of** John**'s** over there?
Bei **Ortsangaben** (Wohnungen, Geschäfte) kann man das nachfolgende Substantiv weglassen.	Let's meet at my **parents'** (house). She is at the **hairdresser's**. He is at the **greengrocer's**.

The definite article *the* (bestimmter Artikel)

Im Englischen wird der bestimmte Artikel meist wie im Deutschen verwendet. Wenn er allgemein verwendet wird, entfällt er jedoch in bestimmten Fällen im Englischen. Bei näherer Bestimmung muss er wiederum gesetzt werden.

Allgemeine Verwendung	Nähere Bestimmung
Substantive im Plural	
Cars jam up the motorway.	**The blue car** is really nice.
Verkehrsmittel	
I go to school by **bus.**	**The grey bus over there** is the bus I take to school.
Stoffbezeichnungen	
Tea is a very British beverage.	**The tea we had** was great.
Institutionen	
School is boring.	I went to **the school that was in the news yesterday**.
abstrakte Substantive	
Life in London is great.	The **life of a film star** is great.
Namen von Straßen und Plätzen	
Picadilly Circus is famous	–

Pronounciation (Aussprache)

Beginnt das Wort, das dem bestimmten Artikel folgt, mit einem Konsonanten, wird *the* als [δə] gesprochen. Beginnt das Wort mit einem Vokal, wird *the* wegen der leichteren Aussprache als [δɪ] ausgesprochen.

The indefinite article *a* bzw. *an* (unbestimmter Artikel)

Im Englischen wird der unbestimmte Artikel meist wie im Deutschen verwendet, außer vor:

Angaben zu Nationalität und Religion

Marc is **an** American.
She's **a** Catholic.

Berufsangaben

Jill is **a** doctor.
Mr Miller is **an** electrician.

Maß- und Mengenangaben

These apples cost 75 p **a** pound.
Our new car does 100 miles **an** hour.

Zeitangaben

Mary plays the piano once **a** week.
Paul drives to the supermarket once **a** month.

Der unbestimmte Artikel wird außerdem bei bestimmten Wendungen gebraucht:

for **a** long/short time · for **a** change · to take **a** shower/bath · to be in **a** hurry · to have **a** cold · to take **a** seat · from **a** distance · to come to **an** end · as **a** whole · as **a** role · to be in **a** position to do sth.

Pronounciation (Aussprache)

Beginnt das Wort, das dem unbestimmten Artikel folgt, mit einem Konsonanten, wird *a* [ə] verwendet. Beginnt das Wort mit einem Vokal, wird wegen der leichteren Aussprache *an* [ən] verwendet.

Quantifiers

some & any

Die **Mengenangaben** *some* oder *any* bezeichnen eine unbestimmte Anzahl oder eine unbestimmte Menge. Sie werden bei **zählbaren Substantiven** und **nicht zählbaren Substantiven** verwendet.

some/any apples
some/any milk

apple · girl
milk · water · idea

- In **bejahten Aussagen** (1) oder **höflichen Fragen** (2) benutzt man *some*.
- In **verneinten Aussagen** (3) und **allgemeinen Fragen** (4) benutzt man *any*.

(1) I have **some** questions for you.
(2) Would you like **some** tea?
(3) I haven't got **any** idea.
(4) Have you got **any** idea?

Zusammensetzungen von *some* und *any* (5) werden in gleicher Weise verwendet:
somebody/anybody, something/anything etc.

(5) **Somebody** stole my bag. · I didn't hear **anybody.**

much & many

Bei **zählbaren Substantiven** wird die **Mengenangabe** *many* und bei **nicht zählbaren Substantiven** wird *much* eingesetzt.

many cars

much water

Aufgepasst:
- In **bejahten Aussagesätzen** steht meist *a lot of* oder *lots of,*
- in **verneinten Aussagesätzen** meist *much* oder *many.*

We have **lots of** milk in the fridge.
We don't drink **much** milk.

a few & a little

Bei **zählbaren Substantiven** verwendet man *a few (ein paar)* und *few (wenige)*.

a few apples
few friends

Bei **nicht zählbaren Substantiven** verwendet man *a little (ein wenig)* und *little (wenig)*.

a little water
little money

Nicht zählbare Substantive

How much milk is in the fridge?

Bejahte Antwort: There is lots of milk/a lot of milk.
Verneinte Antwort: There is not much milk/a little milk.

Zählbare Substantive

How many apples are on the table?

Bejahte Antwort: There are a lot of apples/lots of apples.
Verneinte Antwort: There are not many apples/ a few apples.

every & each

Every und *each* entsprechen dem deutschen Wort *jeder* und können fast beliebig eingesetzt werden.
Aufgepasst: Beachte, dass auf *every* immer ein Substantiv folgen muss.

Each/every student gets a report card.
Every day my mum takes me to school.

Each kann ohne Substantiv stehen oder es geht einer **of-Fügung** voraus.

The tickets are $ 7 **each**.
Each of the children got a new bike.

2 Adjectives and adverbs

Adjectives

Adjektive werden benutzt, um **Personen** oder **Dinge** näher zu beschreiben. Sie stehen

- vor einem Substantiv **(attributiver Gebrauch)** oder

The **sick boy** was taken to the doctor.

- nach einer Form von *be, get, become* oder *seem* **(prädikativer Gebrauch).**

John **was sick.**

Aufgepasst: Adjektive beschreiben auch **Verben der Wahrnehmung** näher:
feel, look, smell, sound und *taste.*

A hot bath **feels great.**
Jill **looks good.**

Adjectives used as nouns

Stellt man einem Adjektiv den bestimmten Artikel voran, kann man es als **Substantiv** benutzen. Bei einer allgemeinen Aussage (1) wird das Adjektiv im Singular verwendet. Beschreibt man eine Gruppe (2), wird das Adjektiv im Plural verwendet, ohne dass ein s-Plural gebildet wird.

(1) Try to see **the good** and **the bad.**
(2) **The poor** need our help.

Aufgepasst: Manche Adjektive sind mittlerweile richtige Substantive.

a black · an individual · a native · a white

Adjectives used as adverbs

Manche **Adjektive** werden der Form nach unverändert **als Adverbien** gebraucht.

Aufgepasst: Zeitbestimmungen (1) werden in derselben Bedeutung verwendet.

(1) *Adjektiv:* He has a **weekly** piano lesson.
(1) *Adverb:* The teacher charges $ 10 **weekly.**

Einige Wörter gewinnen eine andere Bedeutung (2).

(2) *Adjektiv:* I'm not **well.** (Mir geht's nicht gut.)
(2) *Adverb:* He explained it **well.** (Er hat es gut erklärt.)

Comparison of adjectives

Die **Steigerung von einsilbigen Adjektiven** geschieht mit *-er/-est.*

long – longer – longest
poor – poorer – poorest

Aufgepasst: Endet ein einsilbiges Adjektiv auf einen Konsonanten, wird dieser verdoppelt, wenn der vorangehende Vokal kurz gesprochen wird.

big – bi**gg**er – bi**gg**est
hot – ho**tt**er – ho**tt**est
sad – sa**dd**er – sa**dd**est
wet – we**tt**er – we**tt**est

Endet ein einsilbiges Adjektiv auf *-e,* fällt dieses weg.

late – later – latest
nice – nicer – nicest
pure – purer – purest

Comparison of adjectives

Zweisilbige Adjektive, die auf *-y, -le, -ow* und *-er* enden, werden ebenfalls mit *-er/-est* gesteigert.	simple – simpler – simplest · clever – cleverer – cleverest
Aufgepasst: Endet das Adjektiv auf einen Konsonanten, gefolgt von *-y,* wird *y* zu *i.*	heavy – heavier – heaviest
Wenn es auf *-le, -ow* und *-er* endet, kann es mit *-er/-est* oder mit *more* und *most* gesteigert werden.	more/most simple · more/most narrow
Zweisilbige Adjektive, die nicht auf *-y, -le, -ow* und *-er* enden, werden mit *more/most* gesteigert.	active – more active – most active
Die meisten **drei- und mehrsilbigen Adjektive** werden mit *more/most* gesteigert.	amazing – more amazing – most amazing

Unregelmäßig gesteigerte Adjektive sind:

bad – worse – worst · far – further – furthest · good – better – best · near – nearer – nearest/next · many/much/some/a lot of – more – most · few/little – less – least

Adjectives in comparisons

Der **Vergleich von Personen oder Dingen in einem Satz** wird gebildet mit: ■ *(not) as ... as* ■ *than.*	Bill is **as** tall **as** Tim. · Sarah is **not as** tall **as** Tim · Tim is taller **than** her.

Adverbs

Adverbien beschreiben eine **Tätigkeit** näher. Sie stehen häufig nach dem Verb oder nach dem Objekt. Adverbien können auch benutzt werden, um Adverbien (1) oder Adjektive (2) näher zu bestimmen.

She drives her car **slowly.**

(1) Jill drives **terribly fast.**

(2) It was **terribly hot** in Spain.

Adjektive stehen nach **Verben, die Zustände oder Eigenschaften beschreiben.** Diese Verben können meist durch *be* ersetzt werden. Die wichtigsten Verben sind: *be, become, feel, get, look, seem, sound, smell, stay, taste.*

Tim **looked angry**. = Tim **was** angry. (Zustand)

Aufgepasst: Drücken die Verben *feel, look, smell, sound, taste* eine Tätigkeit aus, steht ein **Adverb**.

Tim **looked angrily** at John. (Tätigkeit)

Kinds of adverbs

Es gibt unterschiedliche **Adverbien**:

- **Adverbs of manner (Adverbien der Art und Weise)**
  beautifully · carefully · quickly
- **Adverbs of place & time (Adverbien des Ortes und der Zeit)**
  here · nowhere · early · tomorrow
- **Adverbs of frequency (Häufigkeitsadverbien)**
  always · often · twice · weekly
- **Adverbs of degree (Gradadverbien)**
  almost · hardly · only · rather

Adverbien (adverbs) – Bildung und Steigerung

Regular adverbs (regelmäßige Adverbien)

Die meisten Adverbien werden durch das Anhängen von *-ly* an das Adjektiv gebildet, z. B. *short – shortly* oder *loud – loudly*.
Es gibt jedoch auch Besonderheiten in der Schreibung:

Adjective auf *-y*:

-y wird zu *-i*

angr**y** – angr**i**ly
eas**y** – eas**i**ly
happ**y** – happ**i**ly
aber: shy – shyly
dry – dryly

Adjective auf *-ic*:

-ic wird zu *-ically*

electron**ic** – electron**ically**
fanat**ic** – fanat**ically**
aber: public – publicly

Adjective auf *-ly*:

Adjektive, die auf *-ly* enden, werden mit *in a ... way* umschrieben oder durch ein bedeutungsähnliches Adverb ersetzt.

ugly – in an ugly way
silly – in a silly way/stupidly
friendly – in a friendly way

Adjective auf Konsonant + *-le*:

-e entfällt

simp**le** – simp**ly**
aber: polite – politely

Irregular adverbs (unregelmäßige Adverbien)

Manche Adjektive und Adverbien haben die gleiche Form:

close · daily · early · fair · fast · free · hard · high · late · long · low · right · wide · wrong

The London News is published **daily**. (Adverb)
The London News is a **daily** newspaper. (Adjektiv)

Manche Adverbien haben zwei Formen. Die eine entspricht der Form des Adjektivs, die andere Form endet auf *-ly*. *Aufgepasst:* Die Formen haben verschiedene Bedeutungen.

deep – deeply · fair – fairly · hard – hardly · high – highly · late – lately · most – mostly · near – nearly · wide – widely

They worked **hard**. – Sie haben hart gearbeitet.
The scheme will **hardly** work. – Das Programm wird kaum funktionieren.

The comparison of adverbs (Steigerung von Adverbien)

Entspricht das Adverb der Form des Adjektivs, werden die Steigerungsformen mit *-er/-est* gebildet:

fast – faster – fastest

Endet das Adverb auf *-ly*, steigert man mit *more* und *most*:

easily – more easily – most easily

Aufgepasst: Es gibt unregelmäßige Steigerungsformen:

well – better – best · badly – worse – worst

Der Vergleich von Personen oder Dingen im Satz wird wie bei Adjektiven (↑ S. 16) mit *(not) as ... as* oder *than* gebildet.

She does her homework (**not**) **as** carefully **as** Tim.
Tim does his homework more carefully **than** her.

3 Pronouns

Personal pronouns

Substantive können durch **Personalpronomen** ersetzt werden. Auf diese Weise kann die Wiederholung von Substantiven vermieden werden. Für Dinge und Tiere wird im Singular immer *it* gebraucht. Nur für Menschen und Haustiere werden *he* und *she* benutzt. Für die 3. Person Plural steht das Personalpronomen *they* sowohl für Tiere und Dinge als auch für Menschen.

John went to school.
= **He** went to school.
The **car** is red.
= **It** is red.

Personalpronomen können Subjekt oder Objekt eines Satzes sein.
Aufgepasst: You, they und *one* können dem deutschen Wort *man* entsprechend verwendet werden.

I haven't seen **him** today.
One can't have everything.
They say … (Man sagt …)

Subjektform	Objektform
I	me
you	you
he/she/it	him/her/it
we	us
you	you
they	them

Possessive determiners and possessive pronouns

Possessivbegleiter, auch **Possessivadjektive** genannt, sind:
my, your, his/her/its, our, your, their.
Sie stehen immer vor Substantiven und zeigen an, wem etwas gehört.

This is **my** shirt.

Possessivpronomen sind:
yours, his/hers/-, ours, yours, theirs.
Sie stehen allein und ersetzen das Substantiv.

This is **mine.**
Is this **yours?**

Demonstrative pronouns

Demonstrativpronomen sind:
this/that (Singular) und *these/those* (Plural).
Sie werden räumlich und zeitlich verwendet. *This* und *these* beziehen sich auf Personen und Dinge in der Nähe, *that* und *those* auf räumlich und zeitlich weiter entfernte Personen und Dinge.

I like **this** car.
I don't like **that** car over there.

In **those** days (damals) people had to work very hard. Work is more comfortable **these** days (heutzutage).

Relative pronouns

Relativpronomen sind:
who, which, that, whose.
Sie sind Bestandteil des Relativsatzes. *Who* oder *that* werden für Personen, *which* oder *that* für Dinge eingesetzt.

This is the man **who** won the lottery.
We have a car **which** runs fast.

Interrogative pronouns

Die Formen der **Interrogativpronomen (Fragepronomen)** sind:

- Subjektsfall: *who, what*
- Objektsfall: *what, which, who(m)*
- Possessivfall: *whose*
- Präpositionsfall: *who ... (to/for), what ... (to/for), which ... (to/for), (to/for) whom.*

Who is the man?
What does he do?
Who(m) is she visiting?
Whose car is it?
Who is it **for?**

Aufgepasst: Mit *who* oder *what* fragt man nach Personen oder Dingen aus einer uneingeschränkten Zahl. Mit *which* fragt man nach einer Auswahl aus einer begrenzten Anzahl.

Who owns this house?
Which house belongs to Mr. Smith?

Reflexive pronouns

Reflexivpronomen betonen, dass eine Person etwas selbst getan hat (1), oder dass das Objekt des Satzes dem Subjekt entspricht (2).
Aufgepasst: Achte auf die Schreibweise: Singular *-self*, Plural *-selves*.

(1) Tim made the cake **himself.**
(2) Jill looks after **herself.**

Tom and Frank do all the work them**selves.**

	Singular		Plural	
1. Person	I	myself	we	ourselves
2. Person	you	yourself	you	yourselves
3. Person	he, she, it	himself/ herself/itself	they	themselves

Das Reflexivpronomen bezieht sich immer auf das **Subjekt** im Satz. Es ist also **rückbezüglich** (reflexiv).
Aufgepasst: Verwechsle nicht Reflexiv- und Personalpronomen (↑ S. 20).

I am teaching myself English.

Marc is teaching me English.

each other/one another

Each other oder *one another* drücken eine **wechselseitige** Beziehung aus.

Jill and Tim looked at **each other.**

Reflexive pronouns as intensifiers

Das **verstärkende Pronomen** entspricht dem Reflexivpronomen und steht (1) hinter dem Wort, welches hervorgehoben werden soll, oder (2) am Satzende.

(1) John met Michael Jordan **himself.**
(2) The boys helped their grandmother **themselves.**

Non-reflexive verbs

Im Englischen gibt es einige Verben, die kein Reflexivpronomen bei sich haben, im Deutschen aber immer von dem Reflexivpronomen *sich* begleitet werden.

approach · argue · change · complain· decide · feel · hide · hurry · imagine sth. · lie down · listen to sth. · meet · move · open · recover · refer to · relax · rely on · remember · sit down · take a seat · turn · watch sth. · wonder · worry

4 Conjunctions and prepositions

Conjunctions

Wörter, Sätze und Satzteile können durch **nebenordnende Konjunktionen,** die Satzteile oder Hauptsätze miteinander verbinden, verbunden werden. **Unterordnende Konjunktionen** verbinden Nebensätze mit Hauptsätzen.

Coordinating conjunctions

Nebenordnende Konjunktionen verbinden Satzteile (1) oder Hauptsätze (2) miteinander.

(1) Jill is in bed **and** reads.
(2) Jill hasn't got a dog, **but** she has a cat.

and (und) · either … or (entweder … oder) · for (um, für) · or (oder) · but (aber, sondern) · neither … nor (weder … noch) · yet (doch, aber)

Das Wort **fanboy** hilft dir, dir die wichtigsten nebenordnenden Konjunktionen zu merken:

for
and
neither … nor
but
or
yet

Subordinating conjunctions

Unterordnende Konjunktionen verbinden Haupt- und Nebensätze miteinander:

He does his homework **before** he watches TV.

after* (nachdem)
although (obwohl)
as (als, während)
as if (als ob)
as long as (so lange wie)
as soon as (sobald)
because (weil)
before* (bevor, ehe)
even if (auch wenn)
even though (obwohl)
if (wenn, ob, falls)
if only (wenn nur)
in order that (sodass)
now that (jetzt, da)
once (als, sobald)
rather than (lieber als)
since* (seit)
so that (sodass)
that (dass)
though (obwohl)
till/until (bis)
unless (außer wenn, wenn nicht)
when (wenn, als)
whenever (immer wenn)
where (wo, wohin)
whereas (während, wohingegen)
whether (ob)
while (während)

* Diese unterordnenden Konjunktionen können auch als Präpositionen benutzt werden.

Because kann als Konjunktion zur Einleitung von Nebensätzen benutzt werden.
Aufgepasst: Because of (wegen) ist eine Präposition, keine unterordnende Konjunktion.

We played outside **because it was hot.**

We played outside **because of** the heat.

4

Correlative conjunctions

Gleichwertige Konjunktionen verbinden gleichwertige Elemente in einem Satzteil. Dazu gehören: *both ... and, either ... or, neither ... nor, not only ... but also* und *whether ... or.*

The newspaper reported that **not only** the hurricane **but also** the floods caused millions of dollars worth of damage.

Comma

Kommasetzung vor einer nebenordnenden Konjunktion:

- Ein Komma wird gesetzt, wenn zwei Hauptsätze miteinander verbunden werden.

Jill hasn't got a dog, but she has a cat.
Jill hasn't got a dog but a cat.

- Bei *and* wird nur dann ein Komma gesetzt, wenn drei oder mehr Elemente aneinander gereiht werden.

The flag was red, white, and blue.

Kommasetzung vor einer unterordnenden Konjunktion:

- Folgt der Nebensatz dem Hauptsatz, wird kein Komma gesetzt.

She talks about her dog whenever she calls.

- Folgt der Hauptsatz dem Nebensatz, muss ein Komma gesetzt werden.

Whenever she calls, she talks about her dog.
If the weather had been better, I would have cycled.

Prepositions of direction, place and time

Man unterscheidet **Präpositionen**
- **der Richtung,**
- **des Ortes,**
- **der Zeit** (↑ S. 28) sowie
- **sonstige Präpositionen** (↑ S. 29).

Die Präposition steht immer vor einem Substantiv oder Pronomen oder ist Teil des Gerundiums (↑ S. 65 f.).

List of prepositions of direction and place

above (über, oberhalb)
across (durch, über …)
all over (überall in/auf)
along (entlang)
around (um … herum)
at (an, bei)
behind (hinter)
below (unter)
between (zwischen)
for (nach)
from (von, aus)
in (in)
in front of (vor)
inside (innen, in)
into (in … hinein)
near (in der Nähe)
next to (neben)
on (an, im)
on top of ([oben] auf)
opposite (gegenüber)
outside (außerhalb)
over (über)
round (um … herum)
through (durch)
throughout (überall in)
to (nach)
towards (auf … zu)
under (unter)
up (hinauf)
within (innerhalb)

Aufgepasst:
at the baker's (beim Bäcker)
at a party (auf einer Party)
in the sky (am Himmel)
in the country (auf dem Land)

List of prepositions of time

after (nach)	on (an)
at (um, mit)	past (nach)
before (vor)	since (seit)
between (zwischen)	throughout (durch … hindurch)
by (bis)	towards (gegen)
during (während)	until/till (bis)
for (seit)	within (innerhalb)
in (im [Jahr])	

Tageszeiten können durch *in* allgemein gehalten und durch den Einsatz von *on* näher bestimmt werden.

in the evening
on Friday afternoon

Die Präpositionen *at* und *on* haben unterschiedliche deutsche Entsprechungen.

at night (nachts)	on Monday (am Montag)
at lunch (beim Essen)	on Mondays (montags)
at once (sofort)	on holidays (im Urlaub)
at last (endlich)	on the first day (am ersten Tag)
at one time (früher)	

Für *während* gibt es im Englischen zwei Ausdrucksmöglichkeiten:

- die Präposition *during*. Sie steht vor dem Substantiv.
- die Konjunktion *while*. Sie leitet einen Nebensatz ein.

I haven't got time **during** the week.

I don't have time **while** I'm at work.

Other prepositions and prepositional phrases

List of other prepositions

- about (über/wegen)
- after (nach)
- against (gegen)
- as (als)
- because of (wegen)
- before (vor)
- by (durch, von)
- except (außer)
- for (für, um)
- from (von)
- instead of (anstelle von)
- like (wie)
- of (von)
- out of ([1] von [10 Autos])
- per (pro)
- towards ([jemandem/etwas] gegenüber)
- under (unter [1 Minute])
- up to (bis zu)
- with (mit, bei)
- without (ohne)

List of prepositional phrases

- at any rate (in jedem Fall)
- at last (endlich)
- at least (mindestens)
- in addition to (zusätzlich zu)
- in a hurry (in Eile)
- in a loud voice (mit lauter Stimme)
- in any case (auf jeden Fall)
- in brief (kurz gesagt)
- in comparison (im Vergleich)
- in conclusion (folglich)
- in English (auf Englisch)
- in my opinion (meiner Meinung nach)
- in my view (aus meiner Sicht)
- on the phone (am Telefon)
- on TV (im Fernsehen)
- on holidays (im Urlaub)
- on foot (zu Fuß)
- by bus (mit dem Bus)
- by Schiller (von Schiller)
- with reference to (mit Bezug auf)

5 Verbs

Primary auxiliaries

Vollständige Hilfsverben sind: *be*, *have* und *do*. Sie können auch als Vollverb (↑ S. 36) benutzt werden.

I **am** 17.
I **have** a dog.
I **do** my job.

be

In Fragen und Verneinungen wird ***be* als Vollverb** wie das deutsche *sein* verwendet. Außerdem dient es zur Bildung der progressive-Form und des Passivs.

Is he nice?
No he **isn't.**
I'm going home.

Aufgepasst: Im Präsens gibt es bei der Verneinung zwei Kurzformen.

He **isn't** 12.
= He'**s not** 12.

Present (Präsens)		**Past (Präteritum/Imperfekt)**	
I **am**	we **are**	I **was**	we **were**
you **are**	you **are**	you **were**	you **were**
he/she/it **is**	they **are**	he/she/it **was**	they **were**

have

***Have* als Vollverb** bedeutet *haben* oder *besitzen*. Im Präsens benutzt man meist *have/has got*.
Fragen und Verneinungen können auch mit *do* gebildet werden.

Have you **got** a dog? – I **haven't got** a dog. – I **have got** a dog.
Do you **have** it?
I **don't have** it.

Die Kurzformen werden durch Anhängen von *'ve* und *'s* gebildet. In der Verneinung heißt es *haven't got* oder *hasn't got*. *Aufgepasst:* Die Kurzformen von *is* und *has* sind nur im Zusammenhang zu erkennen.	I'**ve** got ten dollars. She'**s** got ten dollars. he is = he's he has = he's
Im Präteritum tritt *have* als Vollverb ohne *got* auf. Bei Fragen und Verneinungen wird *did/didn't* eingefügt.	**Did** you **have** it? I **didn't have** it.
***Have* als Hilfsverb** wird benutzt, um present perfect (↑ S. 40 f.) und past perfect (↑ S. 44 f.) zu bilden.	I **have done** it. I **had done** it.

do

***Do* als Vollverb** bedeutet *machen* oder *tun*. Auch wenn *do* das Vollverb des Satzes ist, wird mit *do* verneint. *Aufgepasst:* Nur in der 3. Person Singular heißt es *does* bzw. *doesn't*.	I **don't do** it. I **didn't do** it. She **doesn't** like him.

Present (Präsens)	Past (Präteritum/Imperfekt)	
	bejaht	**verneint**
I **have got**	I **had**	I **didn't have**
you **have got**	you **had**	you **didn't have**
he/she/it **has got**	he/she/it **had**	he/she/it **didn't have**
we **have got**	we **had**	we **didn't have**
you **have got**	you **had**	you **didn't have**
they **have got**	they **had**	they **didn't have**

5

Modal auxiliaries

Modale Hilfsverben können nie allein, sondern nur in Verbindung mit einem Vollverb (↑S. 36) stehen. Auf modale Hilfsverben folgt immer der Infinitiv ohne *to*. Modale Hilfsverben haben immer die gleiche Endung. Fragen und Verneinungen werden mit dem entsprechenden Hilfsverb gebildet.

I **can do** it by myself.
You **should help** me.
He **will get** a new car.

List of modal auxiliaries

I **can/am able** to swim.	→	Fähigkeit
Can we watch TV?	→	Erlaubnis
You **can/are allowed** to stay up late on Saturdays.		
You **can** do whatever you like.	→	Möglichkeit
Not dating Jill anymore **could/might/may** be the best for you.		
Can/could/would you help me?	→	Bitte
May I have a cup of tea?	→	höfliche Bitte
You **should/must/ought to** study for the test.	→	Ratschlag
You **must** study for the test.	→	Pflicht
You **musn't/are not allowed to** cheat on your English test.	→	Verbot
Shall I call a taxi?	→	Vorschlag
Medicine **will/would** help the sick.	→	Wahrscheinlichkeit
The medicine **should/ought to** help you feel better soon.		

can/could

Mit dem Hilfsverb ***can*** kann man eine Fähigkeit, eine Bitte oder Erlaubnis ausdrücken. Ersatzverben für *can* sind ***be able to*** (Fähigkeit) und ***be allowed to*** (Erlaubnis).

I **can** drive a car.
Can he help me?
You **can** watch TV.

Can kann auch verwendet werden, wenn über Zukünftiges gesprochen wird.
Aufgepasst: *Can* wird durch *cannot* oder *can't* verneint.

I **can** visit you next week.

I **cannot/can't** visit you next week.

Mit dem Hilfsverb ***could*** kann man eine Möglichkeit oder eine Fähigkeit in der Vergangenheit ausdrücken.

He **couldn't** be here yesterday.
He **could** swim when he was 5.

Aufgepasst: Wenn man eine Erlaubnis in der Vergangenheit ausdrücken möchte, benutzt man ***be allowed to***, nicht *could*.

I **was allowed to** watch TV.

be able to/be allowed to

Be able to entspricht der Bedeutung von *can*, wenn man eine Fähigkeit ausdrücken möchte.
Im Präsens sind Formulierungen mit *can* gebräuchlicher, doch spricht man über Zukünftiges, benutzt man häufig die entsprechende Form von *be able to*.

I **can** swim.
= I'**m able to** swim.

I **will be able** to speak English one day.

be able to/be allowed to

Be allowed to entspricht der Bedeutung von *can,* wenn man eine Erlaubnis ausdrücken möchte.	He **can** watch TV. = He'**s allowed to** watch TV.
Be able to und ***be allowed to*** können in allen Zeitformen benutzt werden.	I **was able to** swim when I was 4 years old.

shall/should/ought to

Das Modalverb ***shall*** wird verwendet, wenn man einen Vorschlag oder ein Angebot macht.	**Shall** I call a taxi? **Shall** I help you with your bags?
Mit den Modalverben ***should*** oder ***ought to*** werden Ratschläge (1), Vermutungen (2) oder Verpflichtungen (3) ausgedrückt. Die Verneinung ***oughtn't to*** ist förmlich und daher nicht sehr gebräuchlich.	(1) He **should/ ought to** see a doctor. (2) He **should/ ought to** be home by eight. (3) You **shouldn't** talk during lessons.

may/might

Das Modalverb ***may*** ist gebräuchlich bei höflichen Bitten und bei Vermutungen über Gegenwärtiges und Zukünftiges.	**May** I have some tea? · China **may** soon become a major economic power.
Auch mit ***might*** drückt man solche Vermutungen aus.	He **might** be sick. She **might** buy a new dress.

will/would

Mit ***will*** können Absichten und Versprechen ausgedrückt werden.

I **will** do that for you.

Would wird wie *can* und *could* eingesetzt, um eine Bitte auszudrücken. Außerdem können Einladungen damit ausgesprochen werden.

Would you pass the salt, please?
Would you come to my party?

must/have to

Mit ***must/have to*** wird ausgedrückt, dass jemand etwas tun muss. Die Verneinung dazu ist ***needn't*** oder ***not have to.*** Damit wird gesagt, dass jemand etwas nicht zu tun braucht bzw. dass etwas nicht notwendig ist. Um eine Aussage in der Vergangenheit zu machen, muss man eine Form von ***have to*** verwenden.

You **must/have to** do your homework.
You **needn't/don't have to** do your homework.

You **had to** do your homework.
You **didn't have to** do it.

Um **Verbote** auszudrücken, benutzt man ***mustn't*** *(nicht dürfen)*, ***can't*** und ***be not allowed to.***
Um eine Aussage in der Vergangenheit zu machen, muss man *can* oder eine Form von *be not allowed to* verwenden.

You **mustn't/can't/are not allowed to** watch TV.
You **couldn't/were not allowed to** watch TV.

Must kann auch dazu dienen, eine Vermutung auszudrücken.

The kids **must** be tired.

Verbs and verb complements

Full Verbs

Vollverben können in einem Satz allein stehen. Sie haben einen Infinitiv, von dem man vier Formen ableiten kann.

Infinitive	to ask	to give
Simple present	he/she/it asks	he/she/it gives
Present participle	asking	giving
Simple past	asked	gave
Past participle	asked	given

Prädikative Ergänzungen zum Subjekt (subject predicative) stehen nach Verben, die allein ohne Bedeutung sind (1), und (2) nach Verben der Wahrnehmung (↑ S. 14).

(1) be · become · seem
Tim **is small.**
(2) Chocolate **tastes good.**

Prädikative Ergänzungen zum Objekt (object predicative) beziehen sich immer auf das direkte Objekt. Sie stehen oft nach bestimmten Verben.

I **believe him** to be a liar.
believe · find · consider

Verb complements

Im Englischen wird zwischen den verb complements – dem **direkten** und **indirekten Objekt** – nur unterschieden, wenn ein Verb zwei Objekte hat.

Verbs with and without a direct object

Viele Verben können mit direktem (1) oder ohne direktes Objekt (2) benutzt werden.

(1) Mr. Smith	teaches	English.	
(2) Mr. Smith	teaches		at my school.

Manche Verben verändern ihre Bedeutung, wenn sie mit einem direkten Objekt verbunden werden. Zu diesen Verben gehören u. a. ***fail, fly, grow, run, sink*** und ***work.***

John	runs		to school.
John	läuft		zur Schule.
The principal	runs	the school.	
Der Rektor	leitet	die Schule.	

Verbs with direct and indirect object

Folgt dem direkten Objekt das **indirekte Objekt** (1), erlangt letzteres größere inhaltliche Bedeutung.
Steht das indirekte Objekt vor dem **direkten Objekt** (2), erlangt letzteres größere inhaltliche Bedeutung.

(1) Jill shows the dress **to her friend** (not her mother).
(2) Mary shows her friend **the dress** (and not a hat).

Manche Verben sind mit einem direkten und indirekten Objekt verbunden. Zu diesen Verben gehören u. a.
bring, explain, give, hand, introduce, offer, pass, promise, send, show, suggest und ***tell.***
Bei diesen Verben sind beide Wortstellungen möglich.
Dem indirekten Objekt muss ***to*** beigefügt werden.

Marianne	gave	me	a book.
Marianne	gave	a book	**to** me.

Aufgepasst: Explain, introduce und *suggest* lassen nur die Wortstellung direktes Objekt vor indirektem Objekt zu.

The teacher	explained	the problem	to us.

6 Tenses

Present tense group

Im Englischen wird in der Gegenwart zwischen **simple present** und **present progressive** unterschieden. **Present perfect** und **present perfect progressive** sind auf die Gegenwart bezogen.

Simple present

Die Vollverben im simple present unterscheiden sich nur in der 3. Person Singular durch ein angehängtes *-s* vom Infinitiv.

ask – he/she/it ask**s**

Bei der Schreibung ist zu beachten:

- Endet ein Verb mit einem Vokal, gefolgt von *y*, wird *-s* angehängt. — stay – stay**s**
- Endet ein Verb mit einem Konsonanten, gefolgt von *y*, wird *y* zu *i* und *-es* angehängt. — fly – fl**ies**
- Endet das Verb auf einen Zischlaut, wird *-es* angehängt. — catch – catch**es**, wish – wish**es**

Das simple present drückt aus, dass etwas regelmäßig, häufig oder nie auftritt oder dass Handlungen aufeinander folgen.

He **always** gets up at 6 o'clock.

Signalwörter zeigen es:
first, then, often, never, always, usually, every (Friday), sometimes.
Um im simple present eine Frage zu formulieren oder eine Aussage zu verneinen, muss man *do* oder *does* hinzufügen. Ist das Vollverb bereits *do*, kommt *do* zweimal vor.

When **do** you usually get up?
I often **don't do** my homework.

Present progressive

Das present progressive wird mit einer Form von *be* + ing-Form des Vollverbs gebildet.

I **am eating.**
You **are eating.**
He/she/it **is eating.**

Bei der Schreibung ist zu beachten:
- Endet ein Verb auf *-ie*, wird *-ie* zu *-y*.
- Endet es auf *-e*, fällt dieses weg.
- Endet es auf einen kurzen Vokal, gefolgt von *m, n, p* oder *t*, wird der Konsonant verdoppelt.

die – d**y**ing
bake – baking
run – ru**nn**ing
sit – si**tt**ing

Das present progressive drückt aus, dass etwas im Augenblick oder in naher Zukunft passiert oder dass etwas ausnahmsweise anders ist.
Signalwörter sind u. a.:
(right) now, at the moment und *Look!*

I am reading **now.**
I am going out **tonight.**
I **always** get up at six **but today** I am staying in bed.

Mit dem Hilfsverb *to be (am/are/is)* werden Fragen formuliert oder Aussagen verneint.

What **is** she doing? She **isn't** watching TV.

Present perfect

Das present perfect wird mit *have/has* + past participle gebildet. **Regelmäßige Verben** enden auf *-ed*, **unregelmäßige** muss man lernen (↑ S. 90 ff.).	I **have seen** it. She **has seen** it. ask – ask**ed** go – **gone**
Das present perfect wird benutzt, ■ wenn der Zeitpunkt des Geschehens unbedeutend ist, nicht aber die Folge für die Gegenwart.	I have cleaned my car. It looks like new.
■ um zu zeigen, dass etwas in der Vergangenheit begonnen hat und bis jetzt andauert.	I have been to England, but I haven't been to Italy.
Signalwörter sind oft unbestimmte Zeitangaben wie: *already, never, before, yet*.	I haven't been to Italy, **yet.**
Since oder ***for*** + present perfect drücken aus, seit wann oder wie lange etwas andauert. Dabei muss Folgendes beachtet werden: ■ *since* drückt einen Zeitpunkt,	I have had this job **since 2001.**
■ *for* drückt einen Zeitraum aus.	I have had this job **for two years.**
Mit *have/has* werden Fragen formuliert oder Aussagen verneint.	**Have** you seen him? · I **haven't** seen him for months.

Present perfect progressive

Das present perfect progressive wird mit *have/has* + *been* + -ing-Form des Verbs gebildet.	I **have been working.** She **has been reading.**
Das present perfect progressive wird benutzt, um auszudrücken, dass eine Handlung in der Vergangenheit begonnen hat und bis zur Gegenwart andauert. *Aufgepasst:* Für das present perfect progressive gibt es keine deutsche Entsprechung. Im Deutschen wird dafür oft das Präsens benutzt.	I have been working all day.
Um zu zeigen, dass eine Handlung andauert, fügt man *now (jetzt schon)* ein. *Now* ist hier kein Signalwort!	I've been sitting here for three hours **now.**
For und ***since*** drücken die Dauer der Handlung aus. **Signalwörter,** die auf das present perfect progressive hinweisen, sind Zeitangaben wie: *all day, forever.*	We have been waiting **for** you all day. I have been working here **for** two years/ **since** 2001.
Mit *have/has* werden Fragen formuliert oder Aussagen verneint.	**Have** you been working all day? I **haven't** been watching TV for some days.

Past tense group

Im Englischen wird in der Vergangenheit zwischen **simple past** und **past progressive** unterschieden sowie zwischen **past perfect** und **past perfect progressive.**

Simple past

Das simple past wird bei **regelmäßigen Verben** durch das Anhängen von *-ed* oder bei **unregelmäßigen Verben** mit der 2. Form gebildet (↑ S. 90 ff.).

ask – ask**ed**

go – went

Bei der Schreibung ist zu beachten:

- Endet ein Verb mit einem Vokal, gefolgt von *y*, wird *-ed* angehängt.
  play – play**ed**
- Endet ein Verb mit einem Konsonanten, gefolgt von *y*, wird *-y* zu *-i* und *-ed* wird angehängt.
  hurry – hurr**ied**
- Endet das Verb auf ein stummes *e*, fällt dieses weg.
  live – lived
- Endet ein Verb mit einem einfachen Vokal, gefolgt von einem Konsonanten, wird dieser verdoppelt.
  rob – ro**bb**ed

Aufgepasst: Endet ein Verb mit *-el*, wird *l* nur im Britischen verdoppelt.

travel
– trave**ll**ed (BE)
– trave**l**ed (AE)

Das simple past wird benutzt, um eine abgeschlossene Handlung oder einen bestimmten Zeitpunkt in der Vergangenheit auszudrücken.

I watched TV **yesterday.**

Das simple past wird auch benutzt, um auszudrücken, dass in der Vergangenheit mehrere Handlungen aufeinander folgen.
Signalwörter zeigen es oft, aber nicht immer an:
yesterday, a day ago, last week, in 1998, when we were kids, at 7.

I got up, brushed my teeth and then had breakfast.
When we were kids, we went to the same school.

Mit *did/didn't* werden Aussagen verneint oder Fragen formuliert.
Das Vollverb steht dann immer im Infinitiv.

I **didn't** watch TV yesterday.

Fragen mit *when* fragen nach einem Zeitpunkt in der Vergangenheit und stehen daher nicht mit dem present perfect (↑ S. 40 f.).

When **did** you see her?

Aufgepasst: Das Wort *haben* in einem deutschen Satz wird nicht mit *have* ins Englische übersetzt, wenn es im Satz einen Hinweis auf die Vergangenheit gibt. Dann wird das simple past verwendet.

Ich habe gestern gekocht.
= I cooked **yesterday.**

Past progressive

Das past progressive wird mit einer Vergangenheitsform von *be* + ing-Form des Vollverbs gebildet.
Es wird verwendet, wenn man betonen möchte, dass eine Handlung in der Vergangenheit im Gange, im Verlauf war (= in progress).

was/were
They **were** dream**ing.**
I **was** work**ing** all day.

Past progressive

Das past progressive wird auch verwendet, wenn ein Ereignis in der Vergangenheit während einer bereits andauernden Handlung eintritt.

While I was working, my sister came in.
I was watching TV **when** the telephone rang.

Signalwörter zeigen das past progressive an:
all day/week, while, suddenly.
Aufgepasst: *During* und *while* werden beide mit *während* übersetzt, doch nur *while* kann mit past progressive stehen. *During* steht mit einem Substantiv.

While I was flying …

During the flight …

Mit den Formen *was/were* bzw. *wasn't/weren't* werden Fragen formuliert oder Aussagen verneint.

What **was** she doing?
She **wasn't** working.

Past perfect und **past perfect progressive** drücken Vorzeitigkeit gegenüber einem Ereignis in der Vergangenheit aus.

Past perfect

Das past perfect wird mit *had* + past participle gebildet.
Regelmäßige Verben enden immer auf *-ed*, **unregelmäßige Verben** muss man lernen (↑ S. 90 ff.).

had gone/ danced/tried
ask – ask**ed**
give – **given**

Das past perfect wird verwendet, um zu betonen, dass eine Handlung in der Vergangenheit bereits abgeschlossen war (1) oder noch andauerte (2), als eine weitere Handlung begann. Die erste Handlung steht im past perfect. *Aufgepasst:* Ist das Vollverb des Satzes *have,* kommt *had* zweimal vor (2). **Signalwörter** sind: *after, when, before.*	(1) After we **had done** our homework, we went to the cinema. (2) When I met Tom, he **had had** the car for two years.
Mit *had/hadn't* werden Fragen formuliert oder Aussagen verneint.	**Had** they seen her? They **hadn't** seen her.

Past perfect progressive

Das past perfect progressive wird mit *had been* + ing-Form des Vollverbs gebildet.	She **had been cooking.**
Mit dem past perfect progressive wird betont, dass eine Handlung vor einem Zeitpunkt in der Vergangenheit begonnen hatte und bis zu diesem andauerte. Diese Form betont Ablauf und Dauer des Vorgangs.	She **had been cooking** when her son arrived.
Mit *had/hadn't* werden Fragen formuliert oder Aussagen verneint.	**Had** he been cooking? He **hadn't** been cooking.

Future

Das **Futur** kann im Englischen mit dem **will-future** oder dem **going-to-future** gebildet werden.
Aber auch andere Zeitformen und bestimmte Ausdrucksweisen können die Bedeutung des Futurs übernehmen (↑ S. 48 f.).

Will-future

Das will-future wird mit *will* und dem Infinitiv des Vollverbs gebildet. Die Kurzform von *will* ist *'ll.*
Man verwendet es, um zukünftige und nicht zu beeinflussende Ereignisse (1), Vermutungen und Hoffnungen (2) und spontane Überlegungen (3) auszudrücken.
Das will-future ist auch Teil des ersten Bedingungssatzes (↑ S. 82).

(1) She'**ll be** 15 in May.
(2) I'm sure he'**ll** help you.
(3) I'm tired. I **will go** to bed.

Mit *will/will not* werden Fragen formuliert oder Aussagen verneint. *Will not* wird zu *won't.*

What **will** the world be like in 2020? · I **won't** be here next week.

Going-to-future

Das going-to-future wird mit einer Form von *be* + *going to* + Infinitiv des Vollverbs gebildet.

am/are/is going to run

Es wird verwendet, um Absichten, Vorhaben oder Pläne (1) und Dinge, die sich mit großer Sicherheit ereignen werden (2), auszudrücken.

(1) **I'm going to buy** a car soon.
(2) This tastes terrible. I'**m going to be** sick.

Aufgepasst: Bei den Verben *go* und *come* wird oft das present progressive (↑ S. 39) eingesetzt.

I'**m going to come** with you tonight.
= I'**m coming** with you tonight.

Mit einer Form von *to be* werden Aussagen verneint oder Fragen formuliert.

She **isn't** going to help you.
Are you **going** to buy the car?

Will-future or going-to-future?

Die Verwendung hängt von der jeweiligen Situation ab:

Will-future

- **Vermutung über ein zukünftiges Ereignis**

  I **will** get a car some day.

- **spontaner Entschluss**

  Jim is in hospital. – But I **won't** visit him.

Going-to-future — **sicher eintretendes Ereignis, Absicht**

We have decided to have a party tomorrow. We are **going to** invite all our friends.

Future progressive

Diese Futurform wird mit *will be* + ing-Form des Vollverbs gebildet. Sie wird verwendet, um aufzuzeigen, dass eine zukünftige Handlung von begrenzter Dauer im Verlauf ist (1) oder dass eine zukünftige Handlung für sicher gehalten wird (2).

will be going

(1) I can't come next week. I **will be helping** my friend move.
(2) I **will be doing** more travelling when I am older.

Future perfect

Das future perfect wird mit *will have* + past participle gebildet. Es wird verwendet, um den Abschluss einer zukünftigen Handlung anzuzeigen. **Signalwörter** sind Zeitangaben wie: *until, by, in (5 min.)* oder *next*.

will have gone

I **will have done** it **by** Monday/ **before** Tuesday.

Simple present with a future meaning

Das simple present (↑ S. 38) wird verwendet, wenn etwas Zukünftiges festgelegt ist, z. B. Fahrplan.

The train **leaves** at 9.30.

Present progressive with a future meaning

Das present progressive (↑ S. 39) kann verwendet werden, wenn etwas Zukünftiges beschlossen ist.

I'**m having** a party on Friday.

Other ways of expressing future meaning

Es gibt auch andere sprachliche Möglichkeiten, ein künftiges Geschehen auszudrücken.

Mit ***be to*** kann man ausdrücken, dass etwas für die Zukunft vereinbart wurde.

The taxi **is to** arrive at 5.30.

Mit ***be expected to*** oder ***be supposed to*** kann man ausdrücken, dass von jemandem in der Zukunft etwas erwartet wird.

He **is expected to** get an A in the test.
I'**m supposed to** help my brother.

Be supposed to wird oft verwendet, wenn ausgedrückt werden soll, dass eine Pflicht besteht oder etwas vereinbart wurde.

I **was supposed to** help him.

Mit ***be certain to, be sure to, be likely to, be bound to*** oder ***be unlikely to*** kann man ausdrücken, dass es wahrscheinlich oder unwahrscheinlich ist, dass etwas in der Zukunft eintritt.

On this street a crash **is bound to** happen.
He **is unlikely to** get an A in the test.

Mit ***be about to*** oder ***be on the point of*** + ing-Form kann man ausdrücken, dass etwas bald eintreten wird.
Aufgepasst: be about to und *be on the point of* können auch im simple past (↑ S. 42 f.) verwendet werden.

I'**m about to** leave. I'**m on the point of** leaving.

I **was about to** leave the house when she called.

Past tense group

Past perfect

Eine Handlung in der Vergangenheit findet statt, nachdem die andere bereits abgeschlossen war.

After I **had brushed** my teeth, I went to bed.

Past perfect progressive

Dauer und Handlung der vorangehenden, aber dann abgeschlossenen Handlung stehen im Vordergrund.

I **had been working** when a friend came by.

Present tense group

Simple present

Wiederkehrende Handlung

I **go** to school every day.

Aufzählung

First I **get** up, and then I **brush** my teeth.

Fähigkeiten und Vorlieben

I **work** as a lawyer. I **play** soccer.

Fahr-, Stundenplan, Programm

The train **leaves** at 9.30.

Present progressive

Augenblickliche Handlung

I **am writing** a letter right now.

Etwas Außergewöhnliches tritt ein.

Usually I write it on the computer, but today I'**m writing** it by hand.

Verabredung für die nahe Zukunft

I'**m going** out tonight.

Future

Going-to-future

Es besteht eine Absicht.

I'**m going to** have a party.

Sicher eintretendes Ereignis

She **is going to** have a baby.

Will-future

Zukünftig und unabänderlich

I **will be** 15 years old.

Vermutung

I think they **will get** married.

Spontaner Entschluss

I'm tired. I **will go** to bed.

Simple past

Der Zeitpunkt der Handlung ist wichtig.

I **bought** a book yesterday.

Aufzählung von Tätigkeiten

First I **watched** TV, and then I **prepared** dinner.

Past progressive

Dauer der Handlung und Zeitpunkt stehen im Vordergrund.

I **was working** all day yesterday.

Eine Handlung geschieht während einer bereits andauernden Handlung.

While I **was working,** a friend came by.

Present perfect

Der Zeitpunkt der Handlung ist unwichtig. Das Resultat der Handlung steht im Vordergrund.

I'**ve finished** my book. Now I can start a new one.

Die Handlung erstreckt sich über einen nicht abgeschlossenen Zeitraum.

I'**ve lived** here since I was born.

Present perfect progressive

Die Dauer der Handlung steht im Vordergrund.

I **have been waiting** for you for two hours.

Future perfect

Die zukünftige Handlung ist in der Zukunft abgeschlossen.

I **will have finished** the book by next week.

Future progressive

Die Handlung wird in der Zukunft im Gange sein.

I'm not coming tonight. I **will be taking** a bath.

Die Handlung dauert in der Zukunft an.

I **will be earning** more money once I have a new job.

7 Active and passive

Formation and use of passive

In einem **Aktivsatz** führt das Subjekt eine Handlung aus. In einem **Passivsatz** wird etwas mit dem Subjekt getan. Das **Passiv** wird dann verwendet, wenn nicht klar ist, wer etwas tut, oder wenn dies unwichtig ist.	He **robbed** the bank. The bank **was robbed.**
Das Passiv wird mit einer Form von *be* in der jeweiligen Zeitstufe + past participle gebildet. Das Passiv mit modalen Hilfsverben (↑ S. 32 ff.) wird mit *be* + past participle gebildet.	was offered is done can be done
In der Umgangssprache kann statt des Hilfsverbs *be* auch *get* verwendet werden, wenn das Passiv einen Vorgang (1) und nicht einen Zustand (2) ausdrückt.	(1) The car **was/got** hit. (2) The shop was closed when they arrived.
Mit einer Form von *be, have/has/had, will* oder einem modalen Hilfsverb (↑ S. 32 ff.) werden Aussagen verneint oder Fragen formuliert.	It **wasn't** done. It **hasn't** been done. **Was** it done? **Will** it be done?

Simple and progressive in the passive

Die simple- und progressive-Form im **Passiv** wird genauso verwendet wie im Aktiv (↑ S. 38–47).

He **wrote** a letter.
= The letter **was written.**
He is writing the letter **now.**
= The letter is being written **now.**

by-agent

Soll einem Passivsatz hinzugefügt werden, wer oder was für das Ereignis oder die Handlung verantwortlich ist, wird dies mit *by (von)* an den Satz angefügt.

The bank was robbed **by** a tall man.

Verbs with prepositions

Manche englische Verben führen eine **Präposition** (↑ S. 27 ff.) mit sich. Wird der Aktivsatz in einen Passivsatz umgewandelt, dürfen Verb und Präposition nicht auseinander gerissen werden. Einige dieser Verbindungen von Verben und Präpositionen sind:
complain about,
deal with,
pay for,
put up,
take care of,
speak about,
think about.

I paid for the car.
= The car was **paid for.**
I take care of the bills.
= The bills are **taken care of.**

Verbs with two objects

Im Englischen lässt sich das Passiv mit allen Verben bilden, die ein direktes Objekt mit sich führen.

I ate a donut.
= The donut was eaten by me.

Einige englische Verben sind oft mit einem direkten und einem indirekten Objekt (↑ S. 37) verbunden.
Im Englischen wird das indirekte Objekt meist als Subjekt für den Passivsatz gewählt.

ask · give · show

Das **indirekte Objekt** wird zum neuen Subjekt, das **direkte Objekt** bleibt erhalten.

I gave **him** a book.
= **He** was given a book.

Auch das direkte Objekt kann zum Subjekt des Passivsatzes werden.

= **A book** was given to him.

Gerund in the passive

Das **Gerundium** wird im Passiv genauso wie im Aktiv verwendet (↑ S. 62). Es gibt eine Präsensform (1) und eine Perfektform (2).

(1) She likes **being treated** to dinner.
(2) I remember **having been told** this story before.

Infinitive in the passive

Es gibt eine Präsensform (1) und eine Perfektform (2) des **Infinitivs im Passiv.** Die Perfektform drückt Vorzeitigkeit aus, d. h., die Handlung ist bereits abgeschlossen.

(1) The cat **must be** fed.
(2) The cat **should have been** fed.

Impersonal passive

Das **unpersönliche Passiv** wird mit *it/is/was/has been* + past participle + *that* gebildet.
Solche Konstruktionen sind ziemlich förmlich; sie kommen nur selten in der Umgangssprache vor.
Es handelt sich häufig um **Verben des Sagens und Denkens,** z. B.:

It has been said that the earrings were antique.

agree	claim	expect	report
announce	decide	fear	say
believe	estimate	know	think

In Gutachten oder Berichten wird oft das unpersönliche Passiv verwendet. Auf diese Weise entsteht ein neutraler Eindruck.

It has been agreed that the bus will run every 15 minutes.

Personal passive

Mit den **Verben des Sagens und Denkens** kann auch ein **persönliches Passiv** gebildet werden.
Es wird gebildet, indem *to* + ein Vollverb im Infinitiv an die Passivkonstruktion gehängt wird.

John **is believed to** be a liar.

Das persönliche und unpersönliche Passiv sind sich inhaltlich sehr ähnlich. Das persönliche Passiv wird häufiger gebraucht.

Jill **is said to** be a rich girl.
= **It is said that** Jill is a rich girl.

Keine Fehler mit dem Aktiv (active) und Passiv (passive)

Active and passive in all tenses

Im Folgenden findest du eine Übersicht zum Aktiv und Passiv in allen Zeitformen.

	Active	Passive
Infinitive	to teach	to be taught
Simple		
Present	They teach kids.	Kids are taught.
Past	They taught kids.	Kids were taught.
Future	They will teach kids.	Kids will be taught.
Progressive		
Present	They are teaching kids.	Kids are being taught.
Past	They were teaching kids.	Kids were being taught.
Future	They will be teaching kids.	Kids will be being taught.
Perfect		
Present	They have taught kids.	Kids have been taught.
Past	They had taught kids.	Kids had been taught.
Future	They will have taught kids.	Kids will have been taught.
Perfect progressive		
Present	They have been teaching kids.	Kids have been being taught.
Past	They had been teaching kids.	Kids had been being taught.
Future	They will have been teaching kids.	Kids will have been being taught.

Watch out!

Beim Umwandeln eines Aktivsatzes in einen Passivsatz muss das **Prädikat** manchmal vom **Singular** in den **Plural** umgewandelt werden.

Subjekt und Objekt sind im Singular:
→ Das Prädikat muss nicht in den Plural umgewandelt werden.

Active	**Passive**
She **feeds** her dog.	Her dog **is** fed.
She **bought** a book.	A book **was** bought.

Das Subjekt ist im Singular, das Objekt im Plural:
→ Das Prädikat muss in den Plural umgewandelt werden.

He **feeds** his dogs.	His dogs **are** fed.
He **wrote** many books.	Many books **were** written.

Beim Umwandeln eines Aktivsatzes in einen Passivsatz dürfen **Verneinungen mit** einer Form von ***do*** nicht übernommen, sondern müssen umgewandelt werden. Verneinungen mit einer Form von ***have*** bleiben erhalten.

Verneinung mit einer Form von *do:*
→ Umwandlung mit einer Form von *be*

Active	**Passive**
He **doesn't feed** the dog.	The dog **isn't** fed.
He **didn't feed** the dogs.	The dogs **weren't** fed.

Verneinung mit einer Form von *have:*
→ Verneinung mit *have* bleibt erhalten.

He **hasn't fed** the dog.	The dog **hasn't been** fed.
He **hasn't fed** the dogs.	The dogs **haven't been** fed.

8 Infinitive, gerund and participles

Infinitive

Es gibt zwei Formen des **Infinitivs im Aktiv** und zwei Formen des **Infinitivs im Passiv** (↑ S. 54).
Es sind jeweils eine Präsens- und eine Perfektform.

Präsens: ask
Perfekt: have asked
Präsens: be asked
Perfekt: have been asked

Infinitive with & without to

Der **Infinitiv mit *to*** steht nach

- einer Reihe von Verben (↑ S. 61), — I **hope** to be fine.
- Adjektiven, — It's **easy** to learn English.
- Fragewörtern und — She knows **what** to do.
- Substantiven. — He's the **guy** to talk to.

Der **Infinitiv mit *to*** steht u. a. nach:

- *want, wish, hate* und *prefer,* wenn diesen ein Objekt folgt, — I **want** her to be happy.
- *believe, consider, know* und *suppose,* wenn diesen ein Objekt folgt. — I **consider** it to be a lie.

Der **Infinitiv ohne *to*** steht nach Formen von *do* und den modalen Hilfsverben mit Ausnahme von *ought to* (↑ S. 32 ff.). Die modalen Hilfsverben sind: *can, must, mustn't, shall, needn't, will, would, should, wouldn't, shouldn't, won't.*	do · does · did I can help you. I should study.
Es gibt verschiedene Möglichkeiten, die deutschen Wörter *lassen, zulassen, veranlassen* auszudrücken.	
■ Für **Zugeständnisse** oder eine **Erlaubnis** benutzt man die Formulierungen *let* + object + infinitive without *to* oder *allow* + object + infinitive with *to*.	My mother **lets** me watch TV. = My mother **allows** me **to** watch TV.
■ Um auszudrücken, dass man **etwas erledigen lassen** will, benutzt man eine Form von *have* + object + infinitive without *to*.	She **had** her son clean the car.
Anstelle von *have* kann umgangssprachlich auch *get* + object + infinitive with *to* benutzt werden.	She **got** her son **to** clean the car.
Um eine Frage zu formulieren oder eine Aussage zu verneinen, muss man eine Form von *do* oder *have* einsetzen.	**Did** you let her stay up late? I **didn't** let her stay up late.
Aufgepasst: Das deutsche *lassen* wird nicht immer mit *let* übersetzt. Es gibt eine Reihe idiomatischer Wendungen.	Leave me alone! Give me time. Stop it!

Infinitive with & without to

■ Um **jemanden zu einer Handlung zu veranlassen**, benutzt man die Formulierung *make* + object + infinitive without *to*.	His mother **made** him clean his room.
■ Möchte man den **Zwang betonen,** benutzt man die Formulierung *force* + object + infinitive with *to*.	The robber **forced** her **to** give him money.
Um eine Frage zu formulieren oder eine Aussage zu verneinen, setzt man eine Form von *do* oder *have* ein.	**Has** she made him clean the room? No, she **hasn't** made him clean the room. She **didn't** make him clean the room.

Infinitive as subject and object

Der **Infinitiv** kann als Satzglied **wie ein Subjekt** behandelt werden.	**To know** her is to love her.
Es ist möglich, einen solchen Satz mit *it* einzuleiten und den Infinitiv im Satz zu erhalten.	It is great **to see** you.
Der **Infinitiv** kann als Satzglied **wie ein Objekt** behandelt werden.	We all wanted **to go.**
Der Infinitiv kann auch in Verbindung mit einem Fragewort das Objekt eines Satzes darstellen.	He knows **how to repair** a car.

Infinitive after certain verbs

Der **Infinitiv mit *to*** steht

- **nach Verben der Vorliebe oder Abneigung:**
would love, like, prefer, hate to u.a.

I **would love to** have a dog.

Stehen diese Verben ohne *would,* folgt ein Gerundium (↑S. 63 f.).

I love swimming.
I hate dancing.

- **nach bestimmten Verben:**
afford, ask, beg, choose, decide, demand, deserve, fail, hope, manage, mean, offer, plan, prepare, promise, threaten, want und *wish.*

I **asked** to see him.
I **offered** to help him.

Diesen Verben können auch Substantive und Personalpronomen (↑S. 20) folgen.

I asked the boss.
I offered help.

Aufgepasst: Dem Verb *help* kann der Infinitv mit oder ohne *to* folgen.

He **helped** us (to) fix the computer.

- **bei bestimmten Ausdrücken:**
to tell the truth,
to start with,
to be honest,
to sum up u.a.

To be honest, I don't like this shirt.

Der **Infinitiv ohne *to*** steht

- **nach modalen Hilfsverben** (↑S. 32 ff.) mit Ausnahme von *ought to.*

You **should** see a doctor.

- **nach Verben der Wahrnehmung + Objekt:**
let, feel, make, see, hear u.a.

I **heard** her come.
She **sees** me smile.

Grundregeln zum Gerundium (gerund)

Gerund

Von jedem Vollverb kann man eine ing-Form bilden. Erfüllt diese ing-Form die Funktion eines Substantivs, nennt man sie **Gerundium.**

Forms

	Aktiv	**Passiv**
Präsens	going	being gone
Perfekt	having gone	having been gone

Das Gerundium in der Präsensform des Aktivs ist besonders häufig. Die Passivformen des Gerundiums haben passivische Bedeutung.

Aktiv	**Passiv**
Walking is healthy.	Our dog loves being walked.

Das Gerundium kann erweitert werden durch:

- ein **Objekt**

Cooking **spaghettis** is all I can do.

- eine **Orts- oder Zeitangabe**

I like cooking **on Sundays.**

Functions

Ein Gerundium kann als **Subjekt** in einem Satz eingesetzt werden.

Watching TV is fun. · **Walking** is healthy. · **Eating** is necessary.

Ein Gerundium kann als **Objekt** in einem Satz eingesetzt werden.

I like **watching** TV. · I like **reading.** · I like **reading** a book.

Gerund after certain verbs

Das Gerundium steht nach bestimmten Verben, Präpositionen, Substantiven, Adjektiven und Redewendungen (↑ S. 64 ff.).
Hier findest du die wichtigsten Verben im Überblick.

admit (zugeben)	hate (hassen, nicht mögen)
avoid (vermeiden)	imagine (sich vorstellen)
begin (anfangen)	involve (verwickeln)
consider (sich überlegen)	keep (andauernd tun)
defend (verteidigen)	like (mögen)
delay (verschieben)	love (lieben)
deny (verneinen)	mention (erwähnen)
detest (verabscheuen)	mind (etwas dagegen haben)
discuss (diskutieren)	miss (vermissen, verpassen)
dislike (nicht mögen)	practice (üben)
enjoy (genießen)	quit (aufhören)
excuse (entschuldigen)	recall (sich erinnern)
finish (beenden)	risk (riskieren)
give up (aufgeben)	suggest (vorschlagen)
go on (weitermachen)	tolerate (tolerieren)

Gerund

Gerund & infinitive after certain verbs

Nach manchen Verben kann ein **Gerundium** oder ein **Infinitiv** stehen, **ohne dass sich die Bedeutung verändert.** Eine Übersicht über die wichtigsten Verben findest du auf ↑ S. 63.

I **began learning** tennis when I was 5.
= I **began to learn** tennis when I was 5.

Bei manchen Verben kann ein **Gerundium** oder ein **Infinitiv** stehen, doch **die Bedeutung des Verbs verändert sich.** Zu diesen Verben gehören:

- stop to do sth.: anhalten, um etw. zu tun
- stop doing sth.: aufhören, etw. zu tun.

He **stopped to** buy a paper. = Er hielt an, um eine Zeitung zu kaufen.
He **stopped smoking**. = Er hörte auf zu rauchen.

- forget to do sth.: vergessen, etw. zu tun
- forget doing sth.: vergessen, was man getan hat

I **forgot to** call him. ≠ I'll never **forget seeing** him for the first time.

- remember to do sth.: erinnern, etw. zu tun
- remember doing sth.: erinnern, was man getan hat

I **remembered to** visit you. = Ich habe nicht vergessen, dich zu besuchen.
I **remembered visiting** you. = Ich erinnerte mich an meinen Besuch bei dir.

Gerund after prepositions

Das **Gerundium** steht **nach** folgenden **Verben + Präposition:**

She **accused him of** stealing the money.

List of verbs + preposition	
accuse sb. of	beschuldigen
adjust to	anpassen an
agree with	übereinstimmen mit
apologize for	entschuldigen
ask about	fragen nach
begin by	anfangen mit
believe in	glauben an
complain about	beschweren über
concentrate on	konzentrieren auf
consist of	bestehen aus
cope with	fertig werden mit
decide against	entscheiden gegen
depend on	abhängen von
die of	sterben an
dream of/about	träumen von
escape from	fliehen von
insist on	bestehen auf
look forward to	freuen auf
prevent sb. from	jm. abhalten von
rely on	verlassen auf
spend on	aufbringen für
succeed in	Erfolg haben mit
take part in	teilnehmen an
talk about	sprechen über
thank sb. for	jm. danken für
think of	denken an
worry about	sich sorgen um

Gerund after prepositions

Das **Gerundium folgt** auch bestimmten allein stehenden **Präpositionen:**

After doing his homework he played soccer.

after	before	by	for
instead of	on	without	

Gerund after nouns

Das **Gerundium** folgt **nach** folgenden **Substantiven + Präposition:**

They have a **chance of winning** the match.

List of nouns + preposition	
advantage of	im Vorteil/überlegen sein
alternative of	Alternative zu
chance of	die Möglichkeit, etwas zu tun
danger of	die Gefahr, etwas zu tun
demand for	Nachfrage nach
dislike for/of	Abneigung gegen
doubt about	Zweifel an
experience in	Erfahrung in
interest in	Interesse an
invitation to	Einladung für
method of	die Methode, etwas zu tun
possibility of	die Möglichkeit, etwas zu tun
problem of	das Problem, etwas zu tun
reason for	der Grund, etwas zu tun
risk of	das Risiko, etwas zu tun
trouble in	die Schwierigkeit, etwas zu tun
way of	die Art, etwas zu tun

Gerund after adjectives

Das **Gerundium** folgt **nach** bestimmten **Adjektiven + Präposition:**

I am **keen on travelling.**

List of adjectives + preposition	
be afraid of doing sth.	vor etwas Angst haben
be angry about sth.	über etwas verärgert sein
be crazy about (doing) sth.	verrückt/wild auf etwas sein
be fond of doing sth.	etwas sehr gerne tun
be glad about sth.	sich über etwas freuen
be good/bad at doing sth.	gut/schlecht sein in etwas
be interested in doing sth.	an etwas interessiert sein
be keen on doing sth.	darauf versessen sein, etwas zu tun
be proud of doing sth.	auf etwas stolz sein
be tired of doing sth.	von etwas genug haben
be used to doing sth.	an etwas gewöhnt sein

Gerund after idioms

Das **Gerundium** folgt **nach** folgenden **Redewendungen:**

It's **not worth going out** tonight.

List of idioms	
It's no use/useless/no good doing sth.	Es hat keinen Sinn …
It's (not) worth doing sth.	Es lohnt sich (nicht) …
I can't help doing sth.	Ich kann nicht anders als …
I can't stand doing sth.	Ich kann etwas nicht ausstehen.
I don't mind doing sth.	Es macht mir nichts aus …
What/how about doing sth.?	Wie wär's, wenn …?

Participles

Im Englischen werden das **Partizip Präsens** und das **Partizip Perfekt** unterschieden.

singing
sung

Present participle

Das **Partizip Präsens** wird durch Anhängen von *-ing* an den Infinitiv gebildet (↑ S. 39).
Das Partizip Präsens hat eine **aktivische Bedeutung**.

sing**ing**
carry**ing**

Stellung im Satz:

- Es kann **nach einem Substantiv anstelle eines Relativsatzes** (↑ S. 85 f.) stehen.

The **boy playing** soccer is my brother.
= The boy who is playing soccer is my brother.

- Das Partizip Präsens kann **wie ein Adjektiv vor einem Substantiv** stehen.

Turtles are a **living example** of dinosaurs.

Es steht nach bestimmten Verben:

- **verbs of perception (Verben der Wahrnehmung):** *look, notice, see, hear, feel* und *smell*. Der Handlungsablauf wird betont.

She saw him **walking** up the street.

Aufgepasst: Soll hervorgehoben werden, dass die Handlung beendet ist, steht der Infinitiv.

She saw a man **stop** in front of the house.

- **verbs of movement and rest (Verben der Ruhe und Bewegung):** *lie, sit, stand, come, walk.*
Mit diesen Verben wird ausgedrückt, dass zwei Handlungen gleichzeitig geschehen.

The boys **stood shouting** in the hall.

Aufgepasst: Das Partizip Präsens steht u. a. auch nach folgenden Verben: *keep, leave, catch* und *find.*

I **caught** him **cheating** in the English test.

Past participle

Das **Partizip Perfekt** wird durch Anhängen von *-ed* gebildet (↑ S. 42). Es gibt auch Verben mit unregelmäßiger Partizipbildung (↑ S. 90 ff.). Das Partizip Perfekt hat eine passivische Bedeutung.

Stellung im Satz:

- Das Partizip Perfekt kann **vor einem Substantiv anstelle eines Relativsatzes** stehen. Auch Adverbien und Substantive, die unmittelbar mit dem Partizip verknüpft sind, stehen vor dem Substantiv.

The newly **built** house was hit by a hurricane.
= The house that was newly built was hit by a hurricane.

- Das Partizip Perfekt kann **nach einem Substantiv anstelle eines Relativsatzes** stehen, wenn es im Satz durch **adverbiale Bestimmungen der Zeit oder des Ortes** erweitert wird.

The boys **punished last week** had to see the principal.

Past participle

have **+ object + past participle:**
Mit dieser Verbindung kann ausgedrückt werden:

- eine Veranlassung, dass etwas getan wird,
- ein unerfreuliches Ergebnis, ein ärgerliches Geschehen.

In der Umgangssprache kann statt *have* auch *get* benutzt werden.

I had my car serviced yesterday.

I had my purse stolen.

I **got** my purse stolen.

Participles instead of adverbial clauses

Mit dem **Partizip Präsens** und dem **Partizip Perfekt können** nicht nur Relativsätze (↑S. 68 f., 85 f.), sondern auch **Adverbialsätze** (↑S. 73 f., 87) **verkürzt werden.** Dabei muss allerdings das Subjekt des Nebensatzes dem Subjekt des Hauptsatzes entsprechen.

When he heard/ Hearing that his brother was on the phone John ran upstairs.

- **adverbial clause of time (adverbiale Bestimmung der Zeit):**
Partizipien können unverändert anstelle eines **Temporalsatzes** stehen, der mit *when* oder *while* eingeleitet wird.
Wird ein Temporalsatz durch *after* eingeleitet, steht *having* + past participle.

Having eaten so much candy he got sick.
= After he had eaten so much candy he got sick.

■ **adverbial clause of reason (adverbiale Bestimmung des Grundes):** Partizipien können anstelle eines **Kausalsatzes** stehen, der mit *as, because* oder *since* eingeleitet wird.

Being hungry he went shopping. = Because he was hungry, he went shopping.

In **Aktivsätzen** verwendet man das **Partizip Präsens.**

Watching TV I fell asleep. = While I was watching TV, I fell asleep.

In **Passivsätzen** verwendet man das **Partizip Perfekt.**

Greeted by Tom Sue became happy. = When Sue was greeted by Tom, she became happy.

Partizipialfügungen sind typisch für **kurze Berichte** oder **Beschreibungen** und kommen meist im geschriebenen Englisch vor. In der Umgangssprache nutzt man Adverbialsätze (↑ S. 73 f.).

The bankrobber **identified** as Tom Smith was seen at the crime scene. The tests **done** by the students are analysed.

Idiomatic expressions with participles

Zu **Partizipien,** die **Teil einer idiomatischen Wendung** geworden sind, gehören: *generally/roughly/strictly speaking, summing up, talking of* u.a.

Talking of Jane, where is she? **Generally speaking,** the weather in Germany is bad. **Strictly speaking,** this is wrong.

9 Sentences

Types of sentences and word order

Positive and negative statements

Die **Wortstellung im bejahten Aussagesatz** ist immer:
Subjekt – Prädikat – Objekt (S–P–O) + andere Satzteile.

I watch TV.
I watch TV in the evenings.

Die **Wortstellung im verneinten Satz** ist immer:
S–P–O + andere Satzteile. Vor dem Verb steht ein Hilfsverb + *not.*

I **don't** watch TV.
I **can't** help you.

Direct and indirect objects

Manche Verben führen ein **indirektes** (wem?; meist Person) und ein **direktes Objekt** (wen oder was?; meist Sache) mit sich (↑ S. 37).
Die **Wortstellung** ist immer:
S – P – indir. Objekt – dir. Objekt.
Aufgepasst: Person vor Sache.

I promised my brother a coke.

Pronomen stehen hinter dem Prädikat (Sache vor Person). Die Person wird mit *to* oder *for* angeschlossen.

I bought **it for** you.
Jill gave the book **to** Peter.

Adverbs and adverbial clauses

Adverbien (↑ S. 17 f.), die sich auf den ganzen Satz beziehen, stehen **vor** dem Subjekt. Dazu gehören: *at first, in fact, finally, maybe, then, suddenly* und *perhaps*.	**Suddenly** the door opened.
Adverbiale Bestimmungen haben unterschiedliche Stellungen im Satz:	
■ **Adverbien der unbestimmten Zeit** stehen nach Formen von be (1), vor dem Vollverb (simple past und simple present) (2) oder nach dem Hilfsverb (3).	(1) I'm **always** hungry. (2) I **often** get up at 6 o'clock. (3) She can **never** get enough.
Sometimes und ***often*** können auch am Satzanfang stehen. ***Before*** und ***yet*** stehen am Satzende.	**Sometimes** I don't sleep well. I haven't seen her **before.**
■ **Adverbien der Art und Weise,** ■ **Adverbien der Zeit** und	I drove **slowly.** It's Monday **tomorrow.**
■ **Adverbien des Ortes** stehen nach dem Vollverb oder Objekt. *Aufgepasst:* Kommen im Satz mehrere Adverbien vor, gilt: Ort vor Zeit.	I work **in the garden.** I flew **to Spain last year.**
Verstärkende, abschwächende und einschränkende **Gradadverbien** stehen oft vor dem Wort, auf das sie sich beziehen. Das sind: *hardly, quite, really, too* und *very*.	I **hardly** know her. It's **quite** nice.

Adverbs and adverbial clauses

Adverbialsätze der Zeit (adverbial clauses of time) können ■ mit einem Komma **vor** dem Hauptsatz stehen (1) ■ und ohne Komma **nach** dem Hauptsatz stehen (2) (↑S. 87).	(1) **Since** I saw her, I haven't called. (2)I haven't seen her **since** I last went to Paris.
Adverbialsätze des Ortes (adverbial clauses of place) stehen meist **nach** dem Hauptsatz (↑S. 87).	She moved back to the place **where** she first lived.
Adverbialsätze des Gegensatzes (adverbial clauses of contrast) können **vor oder nach** einem Hauptsatz stehen (↑S. 87).	**Even though** I didn't like the food, I didn't say anything.
Adverbialsätze des Grundes (adverbial clauses of reason) stehen nach *as* und *since* meist **vor** dem Hauptsatz. Adverbialsätze mit *because* stehen **nach** dem Hauptsatz (↑S. 87).	**Since** I have no money, I can't buy a new car. I didn't like the shirt **because** it was green.

Commands

Ein **Aufforderungssatz (Imperativ)** entspricht der Form des Infinitivs ohne *to*.	Sit down!
Um zu verneinen, wird *do not* vor dem Infinitiv ohne *to* eingefügt.	Don't sit there!
Mit *let's (not)* vor dem Infinitiv ohne *to* drückt man einen Vorschlag aus.	Let's go out tonight!

Questions

Bei **Entscheidungsfragen** ist die **Wortstellung:** Hilfsverb – Subjekt – Vollverb – (Ergänzungen).	**Is** he **reading** a book? · **Can** you **speak** English?
Ist kein Hilfsverb (↑ S. 30 ff.) vorhanden, muss eine Form von *do* für die Bildung der Frage benutzt werden.	**Do** you work here?
Auf Entscheidungsfragen werden meist Kurzantworten (↑ S. 76) erwartet.	No, I don't.
Bei **Fragen nach dem Subjekt** mit *who* oder *what* ist die **Wortstellung:** Fragewort – Vollverb – Ergänzungen.	
Das Verb in der Frage muss in der 3. Person Singular stehen.	Who like**s** chocolate?
Aufgepasst: Mit *who* kann man auch nach dem Objekt fragen. Bei förmlichen Fragen folgt auf eine vorangehende Präposition *whom*.	**Who** does she meet after school? **To whom** did you want to speak?
Whose + Substantiv fragt nach dem Genitiv *(wessen?)*.	**Whose** telephone number is this?
Bei **Fragen nach dem Objekt** ist die **Wortstellung:** Fragewort – Hilfsverb – Subjekt – Vollverb – Ergänzungen.	Where has he gone?
Wenn kein anderes Hilfsverb (↑ S. 30 ff.) vorhanden ist, muss mit einer Form von *do* umschrieben werden.	Where **did** he go?
Präpositionen bleiben mit dem Verb verbunden.	I **work for** John. Who do you **work for**?

Question tags

Frageanhängsel (nicht wahr?, oder?) werden entweder mit dem Hilfsverb eines Satzes gebildet oder – wenn kein Hilfsverb vorhanden ist – mit einer Form von *do* formuliert.	is – isn't can't – can do – don't didn't – did
Außerdem ist Folgendes zu beachten:	
■ Das Subjekt des Hauptsatzes wird zum Personalpronomen (↑ S. 20).	**Sue** lives in London, doesn't **she?**
■ Das Frageanhängsel eines bejahten Satzes wird verneint.	London **is** in England, **isn't** it?
■ Das Frageanhängsel eines verneinten Satzes wird bejaht.	You **don't** like cheese, **do** you?

Short answers

Das dem Hauptsatz entsprechende Verb oder Hilfsverb (↑ S. 30 ff.) wird zum Verb der **Kurzantwort.**	**Is** this Jill's dog? Yes, it **is.**
Das Subjekt der Frage wird als Personalpronomen ausgedrückt.	Does **John** work for Marc? No, **he** doesn't.
Weitere Änderungen sind:	
■ Nach *believe, suppose* und *think* wird nicht der ganze Satz wiederholt, sondern nur *so* angehängt. Das gilt ebenso für bejahte wie für verneinte Sätze.	I think it is her dog. I (don't) think **so.**
■ Nach *hope* und *be afraid* wird bei bejahten Sätzen *so*, bei verneinten *not* angehängt.	Is Marc here? I'm afraid **not.**

Complex sentences

Reported speech

Die direkte Rede (direct speech) gibt wörtlich wieder, was jemand gesagt oder geschrieben hat. Die direkte Rede steht in Anführungszeichen.

Tom: "She doesn't like the music."

In der **indirekten Rede** (reported speech) gibt man einem anderen gegenüber wieder, was ein Dritter geschrieben oder gesagt hat.
Vor der indirekten Rede steht kein Komma; *that* wird meist weggelassen.

Tom said (that) she didn't like the music.

Die indirekte Rede wird mit bestimmten Verben eingeleitet:
add, answer, believe, explain, know, say, tell sb., think, want to know, wonder.

Jill answered (that) she didn't know for sure.

Auf *tell* folgt immer ein personenbezogenes Objekt (1). *Say* steht meist ohne ein solches Objekt. Wenn doch, dann wird diesem *to* vorangestellt (2).

(1) She told **me.**
She told **Jill.**
(2) She said **to** me.
She said **to** Jill.

Um einen Satz in der indirekten Rede wiederzugeben, müssen die Pronomen und die Adverbialbestimmungen des Ortes und der Zeit (↑ S. 80) verändert werden.
Wenn das einleitende Verb im past tense steht (z. B. *said*), muss die Zeit verändert werden (↑ S. 81).

Jill: "Tom came to my house last week."
Jill said (that) Tom **had come** to **her** house the **week before.**

Modal auxiliaries in reported speech

Nicht alle **modalen Hilfsverben** werden in der indirekten Rede eine Zeitstufe zurückgestellt.

Jill: "I **can** draw it for you."
Jill said she **could** draw it for her.
Jill: "You **should** clean your car."
Jill said she **should** clean her car.

Wenn ***must*** einen Vorschlag/Ratschlag oder eine Annahme/Schlussfolgerung ausdrückt, wird *must* in der indirekten Rede nicht verändert.
Wenn *must* Zwang oder eine Verpflichtung ausdrückt, kann *must* in der indirekten Rede durch ***had to*** ersetzt werden.

Doctor: "You must take care of your body."
The doctor said I **must/had to** take care of my body. (Verpflichtung)
Marc: "You **must** see the new museum."
Marc told me that I **must** see the new museum. (Vorschlag)
Joe: "I hear a car. It **must** be my dad."
Joe heard a car. He thought it **must** be his dad. (Annahme)
Tom: "You **must** do your homework."
Tom said you **must** do your homework. (Ratschlag)

Mustn't kann in der indirekten Rede unverändert bleiben oder durch ***shouldn't/wasn't/weren't to*** ersetzt werden.

Mum: "You **mustn't** stay up so long."
My mum said I **wasn't to** stay up so long.

Needn't kann in der indirekten Rede unverändert stehen oder durch ***didn't have to*** ersetzt werden.

Mum: "You **needn't** do the dishes."
My mum said I **didn't have to** do the dishes.

Reported speech

Befehle und **Aufforderungen (commands)** werden in der indirekten Rede durch einen Infinitiv mit *to* ausgedrückt.
Einleitende Verben sind:
order und *tell* u. a.

Jill: “Sit down.”
Jill told him (not) **to sit** down.

Angebote/Einladungen und Bitten (invitations and suggestions) können durch einen Infinitiv mit *to* oder einen Gliedsatz ausgedrückt werden.
Einleitende Verben sind:
invite to, offer, ask if, ask for u. a.

Joe: “Have another glass.” Joe **offered** her another drink.
Joe **asked** if she would like another drink.

Vorschläge werden mit *suggest* eingeleitet. Darauf folgt ein **Gerundium** (↑ S. 63 f.) oder ein Satz mit *should*. Der Nebensatz muss mit *that* eingeleitet werden.

Tom: “Shall we go to the party?”
Tom **suggested going to** the party.
Tom **suggested that** they should go to the party.

Fragesätze (questions) werden in der indirekten Rede u. a. durch die Verben *ask* oder *want to know* eingeleitet.
Das Fragewort der direkten Rede wird in die indirekte Rede übernommen (1). Enthält die Frage kein Fragewort, steht in der indirekten Rede *if* oder *whether* (2).

(1) Jill: “Mary, **when** did you see him?”
Jill **asked** Mary **when** she had seen him.
(2) Jill: “Mary, did you see him?”
Jill **wanted to know if** Mary had seen him.

Indirekte Rede (reported speech)

Häufig ändern sich bei der Wiedergabe der direkten Rede in der indirekten Rede die Personal- und Possessivpronomen, adverbiale Bestimmungen und die Zeiten des Verbs.

Change of pronouns

Die Personal- und Possessivpronomen müssen fast immer verändert werden.
Aufgepasst: Wenn der Sprecher etwas wiedergibt, was er vorher selbst gesagt hat, ändert sich nichts.

Mary to Jane: "**I** sold **my** car." Mary said (that) **she** had sold **her** car.
aber: Mary: "**I** sold **my** car." I told Jane that **I** had sold **my** car.

Personal pronouns

Direct speech		Indirect speech
I, you	→	he, she
we, you	→	they

Possessive pronouns

Direct speech		Indirect speech
my, your	→	his, her
our, your	→	their

Change of adverbials of place and time

Diese Adverbialbestimmungen ändern sich nur, wenn das einleitende Verb in der Vergangenheit steht.

Direct speech		Indirect speech
here	→	there
two weeks ago	→	two weeks before
this	→	that
tomorrow	→	the next day
these	→	those
next week	→	the following week
today	→	that day
now	→	then, at that moment
yesterday	→	the day before

Change of tenses

In folgenden Fällen wird die Zeit des Verbs der indirekten Rede **nicht verändert:**

- Wenn das einleitende Verb im simple present, present perfect oder will-future steht, behält das Verb in der indirekten Rede die Zeit bei, die es in der indirekten Rede besitzt.

Jill: "I walk my dog every day."
Jill says she walks her dog every day.

- Handelt es sich um eine allgemein gültige Aussage, bleibt das Verb unverändert.

Tom: "Rome is in Italy."
Tom said (that) Rome is in Italy.

- Ist der Zustand der Aussage unverändert, bleibt das Verb unverändert.

Marc: "My mum is in Italy."
Marc said (that) his mum is in Italy.

Wenn das einleitende Verb im simple past oder past perfect (↑ S. 77) steht, wird das Verb **verändert.** Die Verbformen der direkten Rede werden um eine Vergangenheitsstufe nach hinten verschoben.

Jill said she had walked her dog every day.

Direct speech		**Indirect speech**
Present	→	Past
Present perfect	→	Past perfect
Past	→	Past perfect
Past perfect	→	Past perfect
Going-to-future	→	was/were going to
Will-future	→	would + infinitive

Conditional sentences

Es gibt drei Typen von **Bedingungssätzen (if-Sätze,** conditional sentences), die unterschiedliche Zeitfolgen haben und inhaltlich klar voneinander zu unterscheiden sind. Gemeinsam ist ihnen, dass sie aus einem Hauptsatz und einem if-Satz bestehen. Der if-Satz nennt die Bedingung, der Hauptsatz die Folge daraus. Steht der if-Satz vor dem Hauptsatz, werden die beiden Sätze durch ein Komma getrennt.

I will sunbathe if the sun shines.
= If the sun shines**,** I will sunbathe.

Conditional sentence I

Der **erste Typ** wird immer dann verwendet, wenn man ausdrücken möchte, dass etwas mit Wahrscheinlichkeit eintritt, also dass die Bedingung erfüllbar ist oder schon erfüllt ist **(real condition).**

I will help you if you help me.

Das Verb im if-Satz steht im simple present (↑ S. 38 f.), im Hauptsatz steht das Verb im will-future (↑ S. 46) oder ein modales Hilfsverb + Infinitiv (↑ S. 32 ff.). Verneinungen sind in beiden Satzteilen möglich.

She **won't** water the plants if it **rains.**
I **can't see** the splinter if you **don't hold** still.

Fragen werden mit dem Hauptsatz gebildet, der am Anfang stehen muss.

Will you stay home if it rains?

Conditional sentence II

Der **zweite Typ** bezieht sich auf die Gegenwart oder Zukunft. Er wird verwendet, wenn man ausdrücken möchte, dass es sehr unwahrscheinlich oder unmöglich ist, dass die Bedingung erfüllt wird **(unreal condition).**

If I won a million dollars, I could buy a yacht.
I would run away if I saw a ghost.

Das Verb im if-Satz steht im simple past (↑ S. 42 f.), im Hauptsatz steht *would/could might* + Infinitiv.

If I **was** older, I **wouldn't ski.**

Möchte man einen **Ratschlag** aussprechen, verwendet man im if-Satz *were* statt *was*.

If **I were** you, I would study for the test.

Verneinungen sind in beiden Satzteilen möglich.

If Joe didn't annoy his sister, he wouldn't get in an argument.

Aufgepasst: Obwohl der if-Satz im simple past steht, bezieht er sich auf die Gegenwart oder Zukunft.

Fragen werden mit dem Hauptsatz gebildet; dazu muss er am Anfang stehen.

Would you move to Paris if you earned more money?

Conditional sentence III

Der **dritte Typ** bezieht sich auf die Vergangenheit. Er wird verwendet, um eine **unerfüllbare Bedingung** auszudrücken, die sich **auf die Vergangenheit bezieht.**

If I had seen the poster, I would have gone to the concert.

Conditional sentence III

Das Verb im if-Satz steht im past perfect (↑S. 44 f.) und im Hauptsatz stehen *would/could/might have* + Verb im Perfekt.
Verneinungen sind in beiden Satzteilen möglich.

If I **had known** you were sick, I **would have visited** you.

He **couldn't have come by** if he **hadn't used** the car.

Aufgepasst: Im if-Satz steht die Kurzform *'d* für *had* und im Hauptsatz steht *'d* für *would.*

If he'**d** called, she'**d** have invited him.

Fragen werden mit dem Hauptsatz gebildet; dazu muss er am Anfang stehen.

Would he have called if he had known her last name?

Inversion

***If* kann weggelassen werden,** wenn in einem if-Satz past perfect oder *should* steht. Dazu müssen Subjekt und Prädikat umgestellt werden. Das nennt man Inversion (1 und 2).

Should wird dann in einem auf die Zukunft bezogenen if-Satz verwendet, wenn man den Zufall zum Ausdruck bringen will (2).

(1) **If I had** known his number, I would have called.
= **Had I** known his number, I would have called.
(2) **If I should** come across his number, I give him a call.
= **Should I** come across his number, I give him a call.

Relative clauses

Relativsätze sind Nebensätze, die durch **Relativpronomen** (↑ S. 21) eingeleitet werden.
Ein Relativsatz kann sich auf zweierlei beziehen:

- Bezieht er sich auf ein Wort (1), steht *who* oder *that*.
- Bezieht er sich auf einen ganzen Satz (2), wird immer das Relativpronomen *which* eingesetzt.

Ein Relativsatz ohne Relativpronomen wird **contact clause** (↑ S. 86) genannt.

who · whom · whose · which · that

(1) The man who/that stands over there is John's English teacher.
(2) John read the book late at night **which** made him very tired.

Relative clauses with who, that, which

Die Relativpronomen *who* und *that* beziehen sich auf Personen. *Who* ist in diesem Zusammenhang gebräuchlicher.
Die Relativpronomen *which* und *that* beziehen sich auf Dinge und Tiere.

This is the man **who/that** won the lottery.

This is the dog **which/that** bit me.

Relative clauses with whose

Das Relativpronomen *whose* bezieht sich auf Personen und Dinge. *Whose* steht immer vor einem Substantiv. Es drückt eine Zugehörigkeit oder einen Besitz aus.

That's the boy **whose** parents live in London.
That's the man **whose** car broke down.

Relative clauses with prepositions

Führt das Prädikat im **Relativsatz** eine **Präposition** mit sich, dann steht diese meist hinter dem Vollverb. Bei einem Relativsatz mit *who* oder *which* kann die Präposition vor dem Relativpronomen stehen (förmlicher Stil).
Aufgepasst: Who wird dann in *whom* umgewandelt.

The man **who** I was **talking to** is John's teacher.
= The man **to whom** I was talking is John's teacher.

Contact clauses

Wenn das näher zu bestimmende Substantiv und das Subjekt des Relativsatzes ohne ein Relativpronomen nebeneinander stehen können, spricht man von contact clause. Wenn der Haupt- und Relativsatz nicht das gleiche Subjekt haben, kann man das Relativpronomen weglassen.

This is the new **car** which **I** told you about.
= This is the new car I told you about.
The **trip** that **we** took was great.
= The trip we took was great.

Defining and non-defining relative clauses

Bestimmende Relativsätze sind Relativsätze, auf die man nicht verzichten kann, weil sonst nicht klar wird, wer oder was gemeint ist. Bestimmende Relativsätze werden nicht durch ein Komma getrennt.

This is the man who owns the beautiful car.
This is the dog that bit the mailman.

Nicht bestimmende Relativsätze sind Relativsätze, auf die man verzichten kann. Diese Relativsätze werden durch ein Komma vom Hauptsatz abgetrennt.

The book (**,** which I got for my birthday**,**) is very exciting.

Adverbial clauses

Es gibt verschiedene **Adverbialsätze,** die durch bestimmte Konjunktionen und Präpositionen eingeleitet werden.

- **Adverbialsätze der Zeit (adverbial clauses of time)** werden eingeleitet durch: *after, as, till, before, while, when, once* (↑ S. 74).

They lit a candle **after** it was dark.

- **Adverbialsätze des Ortes (adverbial clauses of place)** werden eingeleitet durch: *where, wherever* (↑ S. 74).

Wherever they went, they got souvenirs.

- **Adverbialsätze des Grundes (adverbial clauses of reason)** werden eingeleitet durch: *as, since, because* (↑ S. 74).

Since I am that hungry, I will get a donut.

- **Adverbialsätze des Gegensatzes (adverbial clauses of contrast)** werden eingeleitet durch: *even, even though, if, although, though, while* (↑ S. 74).

Joan likes watching TV, **while** Tom enjoys reading.

10 Numbers, dates and time of day

Numbers

Es gibt verschiedene Zahlen:	
■ **Kardinalzahlen (cardinal numbers):** *eins, zwei ... hundertundeins*	one, two … hundred and one
■ **Ordinalzahlen (ordinal numbers):** *erste, zweite, dritte ...*	the first, the second, the third …

Die **0 (Null)** wird verschieden gesprochen:	
■ 0 in der Mathematik oder in den Naturwissenschaften:	zero
■ 0 beim Aufzählen von Zahlenreihen (z. B. Telefonnummern):	0 = O (əʊ)
■ 0 für den Punktestand im Sport:	nil
Aufgepasst: Beim Tennis heißt es:	love

Dates

Es gibt zwei Schreibweisen für das **Datum:**	*Gesprochen wird:*
■ 19(th) May 2006 (1)	(1) the nineteenth of May, 2006
■ May 19th, 2006 (2)	(2) May the nineteenth, 2006
Aufgepasst: Im amerikanischen Englisch steht der Monat vor dem Tag: 5.19.2006 (3)	(3) May nineteenth, 2006

Time of day

Bei der **Uhrzeit** werden die Stunden von **1 bis 12** gezählt. Die Stunden von 1 bis 24 nennt man military time.	1 o'clock – 12 o'clock
Für die Zeit von **13 bis 24 Uhr** wird **p**ost **m**eridiem (lat. = nachmittags) und von **1 bis 12 Uhr** wird **a**nte **m**eridiem (lat. = vormittags) ergänzt. Bei der Nennung der vollen Stunden wird *o'clock* hinzugefügt und *a.m./p.m.* entfällt.	1 **p.m.** – 12 **p.m.** 1 **a.m.** – 12 **a.m.** 17.00 Uhr = 5 o'clock
Die Minuten von der vollen Stunde zur halben Stunde werden mit *past* an die letzte Stunde angehängt. Die Minuten von der halben Stunde zur nächsten vollen Stunde werden mit *to* an die nächste Stunde angehängt. Das Wort *minutes* kann nur entfallen, wenn es sich um 5 Minuten oder ein Vielfaches davon handelt.	3:26 = 26 min. **past** 3 3:34 = 26 min. **to** 4 1:05 = 5 past 1 2:20 = 20 past 2
Die halbe Stunde entspricht *half past*, die Viertelstunden *a quarter past* und *a quarter to*.	1:30 = half past 1 2:15 = a quarter past 2 2:45 = a quarter to 3

Most common irregular verbs

Infinitive	Simple past	Past participle	
be	was / were	been	sein
beat	beat	beaten	schlagen
become	became	become	werden
begin	began	begun	beginnen
bend	bent	bent	biegen
bet	bet	bet	wetten
bite	bit	bit(ten)	beißen
blow	blew	blown	wehen, blasen
break	broke	broken	kaputtgehen
bring	brought	brought	bringen
build	built	built	bauen
buy	bought	bought	kaufen
catch	caught	caught	fangen
choose	chose	chosen	auswählen
come	came	come	kommen
creep	crept	crept	kriechen
cut	cut	cut	schneiden
deal	dealt	dealt	handeln
dig	dug	dug	graben
do	did	done	tun, machen
draw	drew	drawn	zeichnen
dream	dreamt*	dreamt*	träumen
drink	drank	drunk	trinken
drive	drove	driven	fahren
eat	ate	eaten	essen
fall	fell	fallen	fallen
feed	fed	fed	füttern

* bedeutet, dass das Verb auch in regelmäßiger Form vorkommt, z. B. dream – dreamed – dreamed

Infinitive	Simple past	Past participle	
feel	felt	felt	fühlen
fight	fought	fought	kämpfen
find	found	found	finden
flee	fled	fled	fliehen
fly	flew	flown	fliegen
forbid	forbad(e)	forbidden	verbieten
forget	forgot	forgotten	vergessen
forgive	forgave	forgiven	vergeben
freeze	froze	frozen	(ein-)frieren
get	got	got(ten)	bekommen, werden, holen
give	gave	given	geben
go	went	gone	gehen
grow	grew	grown	wachsen
hang	hung	hung	(auf-)hängen
have	had	had	haben
hear	heard	heard	hören
hide	hid	hidden	verstecken
hit	hit	hit	schlagen, treffen
hold	held	held	halten
hurt	hurt	hurt	verletzen
keep	kept	kept	behalten
kneel	knelt	knelt	knien
know	knew	known	wissen
lay	laid	laid	legen, (Tisch) decken
lead	led	led	führen, leiten
learn	learnt*	learnt*	lernen
leave	left	left	(ver-)lassen
let	let	let	zulassen

Infinitive	Simple past	Past participle	
lie	lay	lain	liegen
light	lit	lit	anzünden
lose	lost	lost	verlieren
make	made	made	machen
mean	meant	meant	bedeuten
meet	met	met	treffen
overtake	overtook	overtaken	überholen
pay	paid	paid	bezahlen
put	put	put	setzen, stellen, legen
read	read	read	lesen
retell	retold	retold	nacherzählen
ride	rode	ridden	reiten, fahren
ring	rang	rung	klingeln
rise	rose	risen	aufgehen
run	ran	run	laufen
say	said	said	sagen
see	saw	seen	sehen
seek	sought	sought	suchen
sell	sold	sold	verkaufen
send	sent	sent	schicken
set	set	set	setzen, stellen
shake	shook	shaken	schütteln
shine	shone	shone	scheinen
shoot	shot	shot	schießen
show	showed	shown	zeigen
shut	shut	shut	schließen
sing	sang	sung	singen
sink	sank	sunk	sinken
sit	sat	sat	sitzen
sleep	slept	slept	schlafen

Infinitive	Simple past	Past participle	
smell	smelt*	smelt*	riechen
sow	sowed	sown	säen
speak	spoke	spoken	sprechen
spend	spent	spent	verbringen, ausgeben
spoil	spoilt*	spoilt*	verderben
spread	spread	spread	verbreiten
stand	stood	stood	stehen
steal	stole	stolen	stehlen
stick	stuck	stuck	kleben
sting	stung	stung	stechen
stink	stank	stunk	stinken
strike	struck	struck	stoßen, schlagen
swim	swam	swum	schwimmen
take	took	taken	nehmen, bringen
teach	taught	taught	unterrichten
tear	tore	torn	(zer-)reißen
tell	told	told	erzählen
think	thought	thought	denken, meinen
throw	threw	thrown	werfen
understand	understood	understood	verstehen
wake	woke	woken	(auf-)wecken
wear	wore	worn	tragen
weep	wept	wept	weinen
win	won	won	gewinnen
wring	wrung	wrung	auswringen
write	wrote	written	schreiben

Testfragen

Hier kannst du testen, wie gut du den Schulstoff beherrschst. Zu jeder Frage gibt es genau *eine* richtige Antwort. Wenn du unsicher bist oder mehr wissen möchtest, zeigen dir die Seitenverweise am Rand, wo du ausführliche Informationen findest. Die Lösungen stehen auf Seite 109.

Schwierigkeitsgrad: einfach

↑ S. 19

1 Wie lautet der Superlativ (höchste Steigerungsstufe) von *well?*

☐ a) wellest
☐ b) better
☐ c) best

↑ S. 5

2 Welches Substantiv bildet eine regelmäßige Pluralform?

☐ a) house
☐ b) mouse
☐ c) louse

↑ S. 12

3 Welche unbestimmte Mengenangabe ist bei *zählbaren* Substantiven richtig?

☐ a) much cars
☐ b) many cars

↑ S. 8

4 Wie ist die richtige Schreibweise?

☐ a) James's bike
☐ b) James' bike
☐ c) the bike from James

↑ S. 6

5 Welches Hilfsverb ist richtig?

☐ a) The police is coming.
☐ b) The police are coming.

6 Wenn man über seinen Kater Theo berichtet, dann verwendet man als Personalpronomen ... ↑ S. 20

- ☐ a) he.
- ☐ b) she.
- ☐ c) it.

7 Das Wort *scissors* (Schere) ... ↑ S. 5

- ☐ a) wird im Singular ohne -*s* geschrieben.
- ☐ b) ist eine einmalige Ausnahme.
- ☐ c) gibt es nur im Plural.

8 Der s-Genitiv steht ... ↑ S. 8

- ☐ a) bei Orts- und Mengenangaben.
- ☐ b) bei Personen, Haustieren und Zeitangaben.
- ☐ c) nur bei Personen.

9 Beginnt ein Substantiv mit einem Vokal, dann wird der unbestimmte Artikel davor ... ↑ S. 11

- ☐ a) zu *an*.
- ☐ b) immer zu *the*.
- ☐ c) unverändert bei *a* belassen.

10 Das Wort *pants* (Hose) gehört zu den ... ↑ S. 5

- ☐ a) Paarwörtern (pair nouns).
- ☐ b) Zwillingswörtern (twins).
- ☐ c) Stützwörtern (prop-words).

11 Welches Verb ist kein vollständiges Hilfsverb? ↑ S. 30

- ☐ a) go
- ☐ b) do
- ☐ c) have

12 Wie lautet die erste Steigerungsform des Adjektivs *big* richtig? ↑ S. 15

- ☐ a) more big
- ☐ b) bigger
- ☐ c) biger

↑ S. 16

13 Welches Adjektiv wird unregelmäßig gesteigert?
☐ a) cheap
☐ b) old
☐ c) far

↑ S. 18

14 Wie wird aus den meisten Adjektiven ein Adverb gebildet?
☐ a) Durch Anhängen von *-er:* short – shorter.
☐ b) Durch Anhängen von *-ly:* short – shortly.
☐ c) Durch Anhängen von *-est:* short – shortest.

↑ S. 4

15 Pluralformen von regelmäßigen Substantiven bildet man in der Regel durch ...
☐ a) Anhängen eines *-s.*
☐ b) Anhängen der Endung *-en.*
☐ c) eine andere Aussprache.

↑ S. 20

16 Welches Personalpronomen benutzt man, wenn man von einem Tier allgemein erzählt?
☐ a) he
☐ b) she
☐ c) it

↑ S. 7

17 Wie kann man nicht zählbare Substantive wie *milk* in den Plural setzen?
☐ a) Genauso wie andere Substantive auch.
☐ b) Mit einer Fügung wie zum Beispiel *a glass of.*
☐ c) Gar nicht.

↑ S. 21

18 Wie lautet das Possessivpronomen zur 1. Person Plural?
☐ a) mine
☐ b) ours
☐ c) we

↑ S. 22

19 Wie lautet das Reflexivpronomen zu *du?*
☐ a) yourself
☐ b) yours
☐ c) yourselves

20 Was muss man bei der Verwendung des Worts *every* beachten? ↑ S. 13

☐ **a)** Auf *every* muss ein Substantiv folgen.
☐ **b)** *Every* könnte auch ohne Substantiv stehen.
☐ **c)** *Every* steht immer mit der *of*-Fügung.

21 Wie lautet die Konjugation von *be* für die 2. Person Singular im Imperfekt? ↑ S. 30

☐ **a)** am
☐ **b)** was
☐ **c)** were

22 Welche Eselsbrücke gilt für das Simple present der 3. Person Singular? ↑ S. 38

☐ **a)** *He* und *she,* vergiss mich nie.
☐ **b)** *It, she, he* normal ist es nie.
☐ **c)** *He, she, it,* das *-s* muss mit.

23 In welcher Zeitform steht folgender Satz? *The father played with the children.* ↑ S. 42

☐ **a)** Simple past.
☐ **b)** Past perfect.
☐ **c)** Past progressive.

24 Eine gerade stattfindende Handlung formuliert man mit dem ... ↑ S. 39

☐ **a)** Simple present.
☐ **b)** Present progressive.
☐ **c)** Present perfect.

25 Welches Signalwort zeigt an, dass man das Simple present als Zeitform verwenden muss? ↑ S. 39

☐ **a)** after
☐ **b)** sometimes
☐ **c)** yesterday

↑ S. 89

26 Wie spät ist es, wenn dir jemand sagt: *It's a quarter to 5?*

☐ a) 16:45 Uhr.

☐ b) 17:45 Uhr.

☐ c) 17:15 Uhr.

↑ S. 76

27 Wie lautet auf folgende Frage eine verneinende Kurzantwort (short answer)? *Does John work at the office?*

☐ a) Yes, he does.

☐ b) No, John doesn't.

☐ c) No, he doesn't.

↑ S. 88

28 Wie spricht man die hier dargestellte Datumsangabe korrekt aus? *November 20th, 1965*

☐ a) twenty November 1965

☐ b) the twenty of November, 1965

☐ c) November the twentieth, 1965

↑ S. 50

29 Welche Zeitform gehört zur Past tense group?

☐ a) Present perfect.

☐ b) Past perfect.

☐ c) Future perfect.

↑ S. 89

30 Bei Zeitabgaben steht *am* für *ante meridiem*. Für welchen Zeitraum setzt man dieses Kürzel?

☐ a) 18 bis 6 Uhr.

☐ b) 1 bis 12 Uhr.

☐ c) 14 bis 24 Uhr.

Schwierigkeitsgrad: mittel

↑ S. 10

31 Wie ist es richtig: mit bestimmtem Artikel oder ohne?

☐ a) Picadilly Circus is famous.

☐ b) The Picadilly Circus is famous.

↑ S. 11

32 Wie ist es richtig: mit unbestimmtem Artikel oder ohne?

☐ a) Peter is American.

☐ b) Peter is an American.

33 Woran wird deutlich, dass ein Adjektiv als Substantiv (Nomen) verwendet wird? ↑ S. 14

☐ a) Adjektive können nicht substantiviert werden.
☐ b) Durch Großschreibung des Adjektivs.
☐ c) Durch Voranstellen des Artikels *the*.

34 Wie lautet das Past participle von *go?* ↑ S. 40

☐ a) went
☐ b) goed
☐ c) gone

35 Das Wort *at* ist eine Präposition ... ↑ S. 27

☐ a) der Zeit.
☐ b) des Ortes.
☐ c) der Zeit und des Ortes.

36 Wie ist die Übersetzung der Zeitangabe richtig? Am Montag werde ich zur Schule gehen. ↑ S. 28

☐ a) On Monday I will go to school.
☐ b) At Monday I will go to school.
☐ c) Mondays I go to school.

37 Welche Zeitformen bildet man mit dem Hilfsverb *have?* ↑ S. 31

☐ a) Das Simple present und das Going-to-future.
☐ b) Das Simple past und das Simple present.
☐ c) Das Present perfect und das Past perfect.

38 Welche Ersatzverben kann man alternativ für *can* (können) verwenden? ↑ S. 34

☐ a) be able to
☐ b) ought to
☐ c) have to

39 Welcher Vergleich ist richtig formuliert? ↑ S. 16

☐ a) Bill's bike is older than Tom's.
☐ b) Bill's bike is older as Tom's.
☐ c) Bill's bike is older like Tom's.

↑S. 53

40 Wie ist der Passivsatz richtig formuliert?

- ☐ **a)** The bill was payed through Tom.
- ☐ **b)** The bill was payed from Tom.
- ☐ **c)** The bill was payed by Tom.

↑S. 43

41 Wie könnte man unter dem Gesichtspunkt der richtigen Zeitwahl *in progress* übersetzen?

- ☐ **a)** Eine Handlung ist / war im Gange.
- ☐ **b)** Eine Handlung ist geplant.
- ☐ **c)** Eine Handlung ist abgeschlossen.

↑S. 51

42 Um eine Handlung zu beschreiben, die in der Zukunft im Gange sein wird, verwendet man das ...

- ☐ **a)** Future progressive.
- ☐ **b)** Future perfect.
- ☐ **c)** Going-to-future.

↑S. 44

43 Wie bildet man das Past perfect?

- ☐ **a)** Konjugation von *do* + past participle.
- ☐ **b)** *had* + past participle.
- ☐ **c)** Konjugation von *be* + past participle.

↑S. 44

44 Wie bildet man das Past participle bei regelmäßigen Verben?

- ☐ **a)** Durch Anfügen der Endung *-ed*.
- ☐ **b)** Durch Anfügen der Endung *-ing*.

↑S. 44

45 Welche Faustregel zur Bildung des Past participle gilt für unregelmäßige Verben?

- ☐ **a)** Gar keine: Man muss sie auswendig lernen.
- ☐ **b)** Nur Modalverben sind unregelmäßig.
- ☐ **c)** Verben des Zustands sind unregelmäßig.

↑S. 46

46 Für das *Will-future* gilt: *Will not* wird zu ...

- ☐ **a)** wouldn't.
- ☐ **b)** won't.
- ☐ **c)** willn't.

47 Welche Futurform wird gebildet durch *will have* + past participle? ↑ S. 48

☐ **a)** Das Future perfect.
☐ **b)** Das Future progressive.

48 Mit welchem Futur wird ein Plan oder ein sicher eintretendes Ereignis ausgedrückt? ↑ S. 47

☐ **a)** Mit dem Will-future.
☐ **b)** Mit dem Going-to-future.

49 Mit der Kombination von *had been* + *-ing*-Form des Vollverbs bildet man das ... ↑ S. 45

☐ **a)** Past perfect.
☐ **b)** Past perfect progressive.
☐ **c)** Past progressive.

50 In welcher Zeitform steht der folgende Satz? *I have been waiting for you for two hours.* ↑ S. 51

☐ **a)** Past progressive.
☐ **b)** Present perfect progressive.
☐ **c)** Present progressive.

51 Die Signalwörter *all day, all week, while* oder *suddenly* zeigen an, dass man das ... ↑ S. 44

☐ **a)** Past perfect verwenden muss.
☐ **b)** Simple past verwenden muss.
☐ **c)** Past progressive verwenden muss.

52 Wie wird die Passivform eines Verbs gebildet? ↑ S. 52

☐ **a)** Mit einer Form von *be* + past participle.
☐ **b)** Mit einer Form von *have* + past participle.
☐ **c)** Mit dem Past participle.

53 Nur ein Satz ist richtig formuliert. Welcher? ↑ S. 40

☐ **a)** I have had this job for 2001.
☐ **b)** I have had this job for two years.
☐ **c)** I have had this job since two years.

↑ S. 56
54 Stimmt folgende Aussage? Jeden Aktivsatz kann man zeitformgerecht in einen Passivsatz umwandeln.
- ☐ a) Ja.
- ☐ b) Nein.

↑ S. 59
55 Nach *do, does* oder *did* steht ...
- ☐ a) der Infinitiv mit *to.*
- ☐ b) der Infinitiv ohne *to.*

↑ S. 73
56 Die unbestimmten Adverbien der Zeit *before* und *yet* stehen ...
- ☐ a) am Satzanfang.
- ☐ b) am Satzende.
- ☐ c) in der Satzmitte.

↑ S. 68
57 Wie lautet das Partizip Perfekt von *sing?*
- ☐ a) singing
- ☐ b) sang
- ☐ c) sung

↑ S. 80
58 Wenn in der direkten Rede von *I* (ich) oder *you* (du) die Rede ist, steht in der indirekten Rede ...
- ☐ a) *he* oder *she* (je nach Geschlecht).
- ☐ b) ebenfalls *I* oder *you.*
- ☐ c) grundsätzlich *it.*

↑ S. 68
59 Wie wird das Partizip Präsens von regelmäßigen Verben gebildet?
- ☐ a) Durch Anhängen der Endung *-ing.*
- ☐ b) Durch Anhängen der Endung *-ed.*

↑ S. 87
60 Die Präposition *where* leitet einen ...
- ☐ a) Adverbialsatz der Zeit ein.
- ☐ b) Adverbialsatz des Grundes ein.
- ☐ c) Adverbialsatz des Ortes ein.

61 Welche Verbform ist richtig, wenn man eine Frage mit *who* oder *what* einleitet? ↑ S. 75

☐ **a)** Who like chocolate?
☐ **b)** Who likes chocolate?

62 Stimmt es, dass man Relativsätze, auf die man verzichten könnte, durch ein Komma vom Hauptsatz trennt? ↑ S. 87

☐ **a)** Ja.
☐ **b)** Nein.

63 Wird eine Frage in die indirekte Rede umgewandelt, dann wird das Fragewort ... ↑ S. 79

☐ **a)** übernommen.
☐ **b)** stets durch eine Umschreibung ersetzt.

64 Was ist in folgendem Satz das Prädikat? *I listened to the radio last night.* ↑ S. 72

☐ **a)** listened
☐ **b)** to the radio
☐ **c)** last night

65 Was ist gemeint, wenn von *if*-Sätzen oder *conditional sentences* die Rede ist? ↑ S. 82

☐ **a)** Adverbialsätze.
☐ **b)** Relativsätze.
☐ **c)** Bedingungssätze.

66 Stimmt die Aussage? Vor der indirekten Rede steht kein Komma. ↑ S. 77

☐ **a)** Ja.
☐ **b)** Nein.

67 Welche Wortstellung ist bei Entscheidungsfragen richtig? ↑ S. 75

☐ **a)** Hilfsverb – Subjekt – Vollverb.
☐ **b)** Subjekt – Hilfsverb – Vollverb.
☐ **c)** Subjekt – Vollverb.

Schwierigkeitsgrad: schwer

↑ S. 23

68 *Each other* oder *one another* drücken eine ...

☐ **a)** nicht mögliche Beziehung aus.
☐ **b)** eine verstärkte Bindung aus.
☐ **c)** wechselseitige Beziehung aus.

↑ S. 20

69 Wie drückt man im Englischen das deutsche *man* aus?

☐ **a)** Das geht im Englischen gar nicht.
☐ **b)** Durch Verwendung von *they, you* oder *one.*
☐ **c)** Durch die Formulierung *a man.*

↑ S. 17

70 Das Adverb *always* ist ein ...

☐ **a)** adverb of manner.
☐ **b)** adverb of place.
☐ **c)** adverb of frequency.

↑ S. 24

71 Die Konjunktionen *and, but, neither* und *or* sind ...

☐ **a)** nebenordnende Konjunktionen.
☐ **b)** unterordnende Konjunktionen.
☐ **c)** neben- und unterordnende Konjunktionen.

↑ S. 49

72 *Be supposed to* verwendet man oft, um auszudrücken, dass ...

☐ **a)** etwas möglich ist.
☐ **b)** etwas unwahrscheinlich ist.
☐ **c)** eine Pflicht besteht.

↑ S. 26

73 Folgt dem Hauptsatz ein Nebensatz, dann wird ...

☐ **a)** kein Komma gesetzt.
☐ **b)** ein Komma gesetzt.

↑ S. 56

74 Wie lautet der folgende Aktivsatz im Passiv? *They have taught kids.*

☐ **a)** Kids have been being thaught by them.
☐ **b)** Kids will be thaught by them.
☐ **c)** Kids have been thaught by them.

75 Wie übersetzt man die Redewendung *in jedem Fall?* ↑ S. 29

- ☐ **a)** sure
- ☐ **b)** at any rate
- ☐ **c)** in case of

76 Auf modale Hilfsverben wie *can, may* oder *will* folgt immer ... ↑ S. 32

- ☐ **a)** der Infinitiv ohne *to.*
- ☐ **b)** der Infinitiv mit *to.*

77 Die Konjugation von modalen Hilfsverben wie *can, should* oder *will* ... ↑ S. 32

- ☐ **a)** richtet sich nach der handelnden Person.
- ☐ **b)** ist in allen Personen gleich.

78 *Because of* ist eine ... ↑ S. 25

- ☐ **a)** Konjunktion.
- ☐ **b)** Präposition.
- ☐ **c)** Konjunktion und Präposition.

79 Wie formuliert man einen Passivsatz mit einem modalen Hilfsverb, z. B. *can?* ↑ S. 52

- ☐ **a)** Hilfsverb + past participle: can done.
- ☐ **b)** Hilfsverb + *be* + simple past: can be did.
- ☐ **c)** Hilfsverb + *be* + past participle: can be done.

80 In offiziellen Gutachten oder Berichten verwendet man oft ... ↑ S. 55

- ☐ **a)** das Impersonal (unpersönliche) passive.
- ☐ **b)** das Personal (persönliche) passive.
- ☐ **c)** gar kein Passiv.

81 Welches Hilfsverb eignet sich nicht, um ein Verbot auszudrücken? ↑ S. 35

- ☐ **a)** shouldn't
- ☐ **b)** mustn't
- ☐ **c)** can't

↑ S. 70
82 Partizip Präsens und Partizip Perfekt können ...
- ☐ a) Relativsätze verlängern.
- ☐ b) Adverbialsätze ersetzen.
- ☐ c) Adverbialsätze verkürzen.

↑ S. 57
83 Welche Umwandlung des verneinten Aktivsatzes in einen Passivsatz ist richtig? *He hasn't fed the dog.*
- ☐ a) The dog isn't fed by him.
- ☐ b) The dog hasn't been fed by him.
- ☐ c) The dogs haven't been fed by him.

↑ S. 60
84 Was ist in folgendem Satz das Subjekt? *To know her is to love her.*
- ☐ a) to know
- ☐ b) her
- ☐ c) to love

↑ S. 60
85 Was ist in folgendem Satz das Objekt? *He knows how to repair a car.*
- ☐ a) he
- ☐ b) knows
- ☐ c) how to repair

↑ S. 61
86 Nach Verben der Wahrnehmung wie *let, feel, make* oder *see* + Objekt steht ...
- ☐ a) der Infinitiv ohne *to.*
- ☐ b) der Infinitiv mit *to.*

↑ S. 62
87 Stimmt die Aussage? Von jedem Vollverb kann man durch Anhängen der Silbe *-ing* das Gerundium bilden.
- ☐ a) Ja.
- ☐ b) Nein.

↑ S. 85
88 Welches Pronomen kann einen Relativsatz einleiten?
- ☐ a) yours
- ☐ b) whose
- ☐ c) those

89 Welche Präposition folgt dem Verb *accuse somebody* (jemanden beschuldigen)? ↑ S. 65

☐ **a)** for
☐ **b)** of
☐ **c)** about

90 Das Partizip Perfekt hat ... ↑ S. 69

☐ **a)** eine passivische Bedeutung.
☐ **b)** eine aktivische Bedeutung.

91 Nach manchen Redewendungen folgt das Gerundium. Welches Beispiel trifft zu? ↑ S. 67

☐ **a)** It's useless swimming at night.
☐ **b)** It's useless to swim at night.

92 Welche Aussage ist richtig? In Aktivsätzen verwendet man das ... ↑ S. 71

☐ **a)** Partizip Perfekt.
☐ **b)** Partizip Präsens.
☐ **c)** Partizip Präsens oder Partizip Perfekt.

93 Wie ist es korrekt: Mit oder ohne Gerundium und welche Präposition ist richtig? ↑ S. 66

☐ **a)** They have a chance for winning the match.
☐ **b)** They have a chance to win the match.
☐ **c)** They have a chance of winning the match.

94 *Agree, decide, expect* und *think* sind Verben ... ↑ S. 55

☐ **a)** des Zustands.
☐ **b)** des Sagens und Denkens.
☐ **c)** der Bewegung.

95 Welche Partizipien werden im Englischen unterschieden? ↑ S. 68

☐ **a)** Partizip Präsens und Partizip Futur.
☐ **b)** Partizip Präsens und Partizip Perfekt.
☐ **c)** Partizip Futur und Partizip Perfekt.

↑S. 72 **96** Welche Faustregel gilt für die Reihenfolge von indirektem und direktem Objekt in einem Satz?
- ☐ **a)** Die Reihenfolge ist egal.
- ☐ **b)** Es gilt: Sache vor Person.
- ☐ **c)** Es gilt: Person vor Sache.

↑S. 74 **97** Um eine verneinende Aufforderung zu formulieren, verwendet man ...
- ☐ **a)** *do not* + Infinitiv ohne *to.*
- ☐ **b)** *do not* + Infinitiv mit *to.*
- ☐ **c)** *let not* + Infinitiv ohne *to.*

↑S. 81 **98** In welchen Fällen wird die Zeitform des Verbs in der indirekten Rede nicht verändert?
- ☐ **a)** Das einleitende Verb steht im Past perfect.
- ☐ **b)** Bei einer allgemeingültigen Aussage.
- ☐ **c)** Das einleitende Verb steht im Simple past.

↑S. 78 **99** *Needn't* kann in der indirekten Rede unverändert stehen oder durch ...
- ☐ **a)** *mustn't* ersetzt werden.
- ☐ **b)** *didn't have to* ersetzt werden.
- ☐ **c)** *hadn't to* ersetzt werden.

↑S. 77 **100** Wie lautet der folgende Satz in der indirekten Rede? *Tom: „I don't like this music."*
- ☐ **a)** Tom said I didn't like this music.
- ☐ **b)** Tom said that he doesn't likes this music.
- ☐ **c)** Tom said he didn't like this music.

↑S. 63 **101** Nach welchem Verb steht kein Gerundium?
- ☐ **a)** discuss
- ☐ **b)** risk
- ☐ **c)** fly

Lösungen

Einfach

1 c)	16 c)
2 a)	17 b)
3 b)	18 b)
4 a)	19 a)
5 b)	20 a)
6 a)	21 c)
7 c)	22 c)
8 b)	23 a)
9 a)	24 b)
10 a)	25 b)
11 a)	26 a)
12 b)	27 c)
13 c)	28 c)
14 b)	29 b)
15 a)	30 b)

Mittel

31 a)	50 b)
32 b)	51 c)
33 c)	52 a)
34 c)	53 b)
35 c)	54 a)
36 a)	55 b)
37 c)	56 b)
38 a)	57 c)
39 a)	58 a)
40 c)	59 a)
41 a)	60 c)
42 a)	61 b)
43 b)	62 a)
44 a)	63 a)
45 a)	64 a)
46 b)	65 c)
47 a)	66 a)
48 b)	67 a)
49 b)	

Schwer

68 c)	85 c)
69 b)	86 a)
70 c)	87 a)
71 a)	88 b)
72 c)	89 b)
73 a)	90 a)
74 c)	91 a)
75 b)	92 b)
76 a)	93 c)
77 b)	94 b)
78 b)	95 b)
79 c)	96 c)
80 a)	97 a)
81 a)	98 b)
82 c)	99 b)
83 b)	100 c)
84 a)	101 c)

Bibliografische Information der Deutschen Nationalbibliothek
Die Deutsche Nationalbibliothek verzeichnet diese Publikation in der Deutschen Nationalbibliografie; detaillierte bibliografische Daten sind im Internet über http://dnb.d-nb.de abrufbar.

4., aktualisierte Auflage

D C B A
Bibliographisches Institut GmbH
Mecklenburgische Straße 53, 14197 Berlin

Redaktionelle Leitung Heike Krüger-Beer
Redaktion Claudia Fahlbusch
Autoren Nathalie Birko-Flemming, Marion Krause

Herstellung Ursula Fürst
Typografisches Konzept Horst Bachmann
Illustrator Peter Lohse, Büttelborn
Umschlaggestaltung Michael Acker
Satz Robert Turzer, CH-3995 Ernen
Druck und Bindung fgb – freiburger graphische betriebe GmbH & Co. KG
Bebelstraße 11, 79108 Freiburg i. Br.
Printed in Germany

ISBN 978-3-411-72514-4

Schneller heller!

Das SMS – Schnell-Merk-System gibt es für alle wichtigen Schulfächer im praktischen Hosentaschenformat mit jeweils 100 Testfragen, um das eigene Wissen zu überprüfen.

Deutsch

- Deutsch Rechtschreibung
  ISBN 978-3-411-72544-1
- Deutsch Diktat
  ISBN 978-3-411-72503-8
- Deutsch Grammatik
  ISBN 978-3-411-70584-9
- Deutsch Aufsatz
  ISBN 978-3-411-70603-7

Fremdsprachen

- Englisch
  ISBN 978-3-411-72514-4
- Englisch Vokabeltrainer
  ISBN 978-3-411-72632-5
- Französisch
  ISBN 978-3-411-72524-3
- Französisch Vokabeltrainer
  ISBN 978-3-411-72642-4
- Latein
  ISBN 978-3-411-70624-2
- Latein Vokabeltrainer
  ISBN 978-3-411-73082-7
- Spanisch Grammatik
  ISBN 978-3-411-70542-9

Methodik

- Clever lernen
  ISBN 978-3-411-70562-7

Mathematik

- Mathematik
  ISBN 978-3-411-70354-8

Naturwissenschaften

- Physik
  ISBN 978-3-411-72534-2
- Chemie
  ISBN 978-3-411-72494-9
- Biologie
  ISBN 978-3-411-72562-5

Geschichte

- Geschichte
  ISBN 978-3-411-70372-2

SMS auch fürs Abi! Mehr Infos unter: **www.schuelerlexikon.de**

Stichwortfinder